從歷史悟人生
最精采
——的——
歷史故事

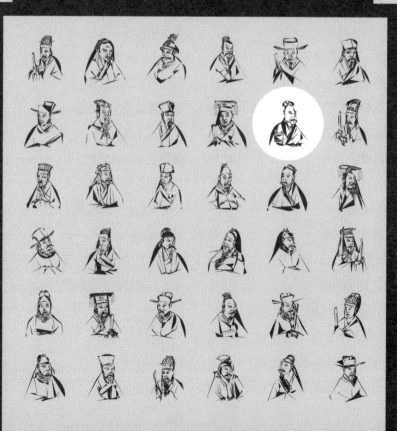

目 錄

第一章
洞察世事的人生智慧

第二章
輕鬆得體的與人交往

從歷史悟人生

最精采

—— 的 ——

歷史故事

第一章

洞察世事的
人生智慧

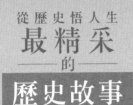

周忱的「流水帳」

　　明朝的周忱曾經擔任處理案件的刑部侍郎，後來任江南巡撫。在他任職江南巡撫的時候，隨身帶著一本記事本，對每天發生的事情，不分鉅細，全都記載下來；即使每天天氣的陰晴風雨也一一詳細記錄。

　　剛開始，人們都不明白周忱為什麼要這麼做。有一天，某縣有個人來報告說，一艘運米的糧船突然遇到風暴，被吹跑了。周忱就詢問他船是哪不見的，是上午還是下午，當時刮的是東風還是西風，那人回答得全不對。

　　周忱翻開記事本一一和他對質，那人不禁驚訝歎服。這時，人們才恍然大悟，才知道周忱的日記不是毫無目的地隨便亂寫的。

　　周忱作為一名巡撫江南的封疆大吏，對於每天發生的事情

不分鉅細，甚至連天氣情況都毫無遺漏的記下來，看起來像是流水帳，似乎也不符合「只管大事，不問小事」的為官之道。但事情就是這樣微妙與複雜，任何棘手的事情總是由小細節組成，如果重視生活中的細節，就很有可能從細節中瞭解事情的整體。事實上，正是周忱的「流水帳」在日後破案中發揮了特殊的功效。人們在這個時候才明白他的良苦用心，高人和常人的差別也正表現在這裡。

《紅樓夢》裡有一副對聯：「世事洞明皆學問，人情練達即文章。」意思是把人情世故弄懂就是學問，有一套應付本領也是文章。

能做到「世事洞明」的人恐怕不多，要是想增長點學問，提高自己的分析判斷能力，只有處處留心才行。

岳柱和《陶母剪髮圖》

　　元朝著名學者岳柱對書籍十分迷戀，終日手不釋卷。他更喜歡讀一些帶有插圖的書。有時，還把插圖描下來，小心翼翼的珍藏著。在他八歲那年，父親邀請著名畫師何澄來家裡畫畫。沒幾天，何澄畫好一幅畫，取名《陶母剪髮圖》，掛在中堂。父親連聲誇好，岳柱看了圖上題字，也立即知道了圖中的故事原意：晉朝大清官陶侃母親為人賢德。陶侃小時候家裡很窮，陶母總是省吃儉用，教子讀書。看到陶侃與別家孩子一起讀書、寫字，心裡就非常高興。

　　一天，一位同學騎馬來陶家，找陶侃研究學問。快到吃中午飯時，陶侃心中暗暗叫苦：這個時候讓同學回去吃飯是不近人情的，但自己家裡實在拿不出像樣的食物招待客人。該怎麼辦呢？陶侃與母親悄悄商量著，陶母從房屋上抽下一些茅草餵

客人的馬，用剪刀剪下自己的一綹長頭髮，拿到市集上換回米、酒、菜，招待客人。

這件事很快傳揚開來，人們紛紛讚揚陶母的大賢大德。

岳柱父親又仔細看了看《陶母剪髮圖》，不禁再次誇讚畫得好，何澄面露沾沾自喜之色。

這時，小岳柱卻插言：「這金釧是不該戴在陶母頭上的！」

「此話怎講？」何澄吃驚的質問道。

「陶母家裡窮得只能拿賣掉頭髮的錢，買酒菜招待客人，哪還有金釧好戴啊？」岳柱說，『如有金釧，就徑直可去市上換錢，何必剪頭髮呢？』父親與何澄這才恍然大悟：原來只是為了讓陶母戴上金釧好看一些，沒想到卻自相矛盾，出了紕漏！

何澄連聲歎服：「小先生真是觀察入微呀！」

德國著名學者赫塞說：「學問就是要認真的發現事物的異同之處……學問就是辨別之術。」善於思索，觀察入微，才能有所發現，不斷進步。

難以「馴化」的非洲土地

　　二次大戰後的英國，食用油嚴重匱乏，因此，英國人就難得有油煎魚和炸花生。那時，有一位政府官員坐飛機視察了當時英國的非洲殖民地坦噶尼喀，認為那是種花生最理想的地方。皇家當局聽到他的建議，便興沖沖地投資六千萬美元，要在那片非洲的灌木叢中開墾出一千三百萬公頃的土地種花生。

　　可是哪裡知道，當地的灌木等堅硬無比，大部分的開荒設備一碰就壞。花了很大工夫才開出了原計劃十分之一的土地。英國人除掉了一種野草，後來才知道是能保持土壤養分的，失掉它就破壞了生態平衡。花生種子若稍遲種下，光禿禿的新土就被風刮走，或被烈日灼烤而喪失養分。

　　原計劃在這片新墾地上一年要生產六十萬噸花生，可是到頭來總共只收了九千噸。人們見勢不妙，遂改種大豆、菸葉、

棉花、向日葵等。可是在那「馴化」的非洲土地上，這些作物竟無一扎得下根。英國於一九六四年終止了此項計劃，損失八千多萬美元，或者說每粒花生米的成本達一美元。

　　俗話說：「細節決定成敗。」工作態度一定要正確、認真，容不得一絲馬虎。準備工作一定要細緻、充分，「差之毫釐，謬之千里。」一旦有所疏忽，就可能遭受慘痛的損失。

毫釐之差的得與失

　　一八八二年，英國科學家瑞利在測定氧氣與氮氣的密度時發現電解水，以氯酸鉀加熱和錳酸鉀加熱三個不同途徑得到的純氧密度完全一樣；但從空氣中除去當時已知的各種雜質後得到的氮氣與氧氣分解得到的氮密度卻不一樣，前者為 1.2572 克／升，後者為 1.2508 克／升，相差了 0.0064 克／升，即在小數點後第三位相差一些。

　　瑞利是一個嚴謹的科學家，他沒有放過這個小數點後第三位的差別，但又百思不得其解，於是請求大學的拉姆塞教授幫忙。拉姆塞和瑞利經過悉心研究，認為從空氣中得來的氮氣之所以重，是因為其中可能有「異己」分子，二人用各種方法，把空氣中能反應的氣體全部除去。最後還剩下原體積 1/80 的氣體無法除去。拉姆塞把氣體裝入氣體放電管中，通上高壓電，

從分光鏡中看到明亮的橙色與綠色線條，這是已知氣體光譜中沒有的。由此他們發現了稀有氣體元素氬，被稱為「小數點後第三位的勝利」。如果瑞利當時忽視小數點後第三位的微小差別，也許今天的元素週期表就會少了這個零族元素。

一九九〇年四月二十四日，世界第一台太空望遠鏡，由美國宇航局發射進入太空地球軌道。人們指望用它觀測一百二十億年前宇宙星體發出的光線，探索宇宙奧祕。然而不久，卻出現異常情況，望遠鏡發回的一些恆星照片如同罩上水簾，模糊不清。這使許多科學家感到失望與震驚。後來宇航局查出了原因：原來是主鏡片形態的「反射式零值採準器」存在0.001米的誤差。

這小數點後第三位的微小誤差，使耗資十五億美元，歷時十年，費了九牛二虎之力送入天空的太空望遠鏡失去了應有的作用，真可謂是差之毫釐，失之千里，人們都為此感到惋惜。

科學需要嚴謹的作風和求實的精神。這種作風與精神，可以獲得偉大的發現；相反，極小的誤差，就會導致重大的失誤。

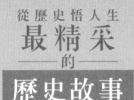

一戶農家打井的風波

　　春秋時代的宋國，地處中原腹地，缺少江河湖澤，而且乾旱少雨。農民種植的作物，主要靠井水澆灌。

　　當時有一戶姓丁的農家，種了一些旱地。因為他家的地裡沒有水井，澆起地來全靠馬拉驢馱，從很遠的河川取水，所以經常要派一個人住在田邊用茅草搭的草棚裡，一天到晚專門做這種提水、運水和澆地的農活。日子一久，凡是在這家住過莊稼地、成天取水澆地的人都感到有些勞累和厭倦。

　　丁氏與家人商議之後，決定打一口水井來解決這個困擾他們多年的灌溉難題。雖然只是開挖一口十多米深、直徑不到一米的水井，但是在地下掘土、取土和進行井壁加固並不是一件容易的事。丁氏一家人從早到晚，辛辛苦苦做了半個多月才把水井打成。第一次取水的那一天，丁氏家的人像過節一樣。

　　當丁氏從井裡提起第一桶水時，他全家人歡天喜地，高興得合不上嘴。從此以後，他們家再也不用派人風餐露宿、為運水澆地而勞苦奔波了。

　　丁氏逢人便說：「我家裡打了一口井，還得了一個人哩！」

　　村裡的人聽了丁氏的話以後，有向他道喜的，也有因無關其痛癢並不在意的。然而誰也沒有留意是誰把丁氏打井的事掐頭去尾地傳了出去，說：「丁家在打井的時候從地底下挖出了一個人！」以致一個小小的宋國被這聳人聽聞的謠傳搞得沸沸揚揚，連宋王也被驚動了。

　　宋王想：「假如真是從地底下挖出來了一個活人，那不是神仙便是妖精。非打聽個水落石出才行。」為了查明事實真相，宋王特地派人去問丁氏。

　　丁氏回答說：「我家打的那口井給澆地帶來了很大方便。過去總要派一個人常年在外為農田灌溉，現在可以不用了，因此家裡多了一個幹活的人手，但這個人並不是從井裡挖出來的。」

　　在生活中傳遞訊息或收集資料的時候，要對有關情況進行認真核實和仔細的分析，努力弄清真相。決不能道聽途說、人云亦云、以偏概全、斷章取義、以訛傳訛，以免輕信流言，被別有用心的人所利用。

被擄到蒙古的馬芳

明王朝時期，北方的蒙古奴隸主貴族不斷南下，侵犯中原地帶。他們所到之處，燒殺搶掠，無惡不作，還把大批的漢人擄掠到蒙古去，強迫他們做苦工，甚至連幼小的孩子也不放過，全部抓到蒙古，使他們淪為任人宰割的小奴隸。馬芳便是其中的一個。

馬芳是河北蔚州人（現河北省蔚縣）。當他十歲的時候，恰逢蒙古奴隸主貴族南犯，他和父母親被擄到蒙古。奴隸主把馬芳的父親抓到山裡去做苦工，修築塹壕。又把馬芳和他的媽媽拉到伙房裡去做工。

不久，有幾個奴隸因為忍受不了奴隸主的殘酷迫害，偷偷的逃跑了。奴隸主以為是馬芳的父親指使的，便殘忍的把他的雙眼挖去，又把他的雙腿砍掉，丟到草原上餵狼去了。

　　真可謂「禍不單行」，馬芳的父親剛死不久，他的母親又因為勞累過度而病倒了。奴隸主不但不給她醫治，還要強迫她工作。母親的病越來越嚴重，她知道自己快要不行了，便把馬芳叫到身邊，流著眼淚對他說：

　　「孩子，娘不行了，要先走了。你一定要記住，生是大明的人，死是大明的鬼。你長大了一定回大明去，為你死去的爹娘報仇！……」

　　沒說完她便嚥了氣。

　　小馬芳見母親死了，哭得死去活來。他把母親的屍體用破蓆子包住，拖到草原上，用兩隻小手刨了一個坑，草草的掩埋了。母親死後，奴隸主便強迫馬芳頂替他母親工作。一個十一二歲的孩子卻要去做大人做的工作，其辛勞是可想而知的。水桶太大了，挑不動，他就提早起床分兩次挑；鍋台太高了，他就站在板凳上做飯。最可惡的是奴隸主的兒子，經常要來糾纏，要馬芳趴在地上給他當馬騎，稍不稱心就直接拍打他，有一次，馬芳忍無可忍，用力一顛，把奴隸主的兒子顛到地上，摔斷了門牙。奴隸主把馬芳毒打了一頓，並把他趕出去放羊。

　　馬芳趕著羊群流浪在草原上。冬天，冰天雪地，北風呼嘯，

馬芳赤著腳，穿著單薄的衣服放羊，白天飽一頓饑一頓，到夜晚只能和羊群擠在一起互相取暖。

夏天，烈日當頭，草原上連棵遮蔭的樹也沒有，只能躲在綿羊的影子下面避暑。馬芳實在忍受不了這樣的痛苦，好幾次都想逃跑。但是一想到逃跑的人十有八九被重新抓回，不是挖去雙眼，就是被剁去雙腿，他只好暫時忍住了。

為了準備逃跑，馬芳開始習武，他偷偷的用木棍削了一把劍和一張弓，又用樹枝削製成一些箭。白天一邊放羊一邊練習射箭；晚上回到羊圈，就藉著月光在羊圈旁舞劍。馬芳本來就很機靈聰明，再加上刻苦練習，不久射箭和擊劍的技術就很高了。射出去的箭百發百中，這樣，他經常可以捕到一些野兔、飛禽，甚至狐狸。他把這些野味烤來吃了，皮毛縫成衣服。生活條件開始有了不小的改善，不到幾年便發育成一個身強體健，腰粗膀圓的少年。

年復一年，馬芳雖然仍在草原上牧羊，但無時無刻不在思念著故鄉，他只有一念頭，就是要早日脫離苦海，逃回養育自己的故土。

有一次，蒙古奴隸主首領俺答汗到草原上來打獵，前呼後

擁好不威風。馬芳連忙趕著羊群躲過一邊。俺答汗人多勢眾，獵到不少的野兔、獐子和野狼，正要興高采烈的往回走，忽然從草叢中跳出一隻猛虎，那猛虎已經餓了許多天，只見它張開血盆大口，向俺答汗一夥直撲過來。

那些侍從衛士一見猛虎，一個個嚇得面如土色，只顧自己逃命去了。俺答汗身體肥胖，還沒逃幾步，便一個狗吃屎摔下馬來，倒在地上，嚇得直打哆嗦。

馬芳確實藝高膽大，他見猛虎從草叢中鑽出，便一個箭步迎上去。那猛虎見有人來了，便放過俺答汗猛的一聲狂嘯，直向馬芳撲來。好個小馬芳，眼明手快。只見他一手張弓一手搭箭，用盡全身的力量向猛虎射去。那木箭雖然並不鋒利，但這力量實在太大了，一支木箭從猛虎的大腦殼上穿過，那猛虎頓時便一命嗚呼了。馬芳回過頭來，只見俺答汗還撅著屁股趴在地上，半天動彈不得。

俺答汗見馬芳小小年紀救了自己的命，很是高興。再看看他的木弓木箭，他怎麼也不敢相信，用這樣的弓箭能射死老虎。他不由得暗暗佩服馬芳的武藝高強。於是他便送給馬芳一張好弓，又送給他許多好箭和一匹好馬，並讓馬芳做了他的侍衛。

　　俗話說：「伴君如伴虎」，俺答汗雖然讓馬芳做了侍衛，但是讓一個異族人整天跟在自己身邊，他總是不放心。他表面上對馬芳還算客氣，但對馬芳仍然存有很大的戒心，生怕馬芳逃跑，所以無時無刻不在提防著馬芳。馬芳是個聰明人，自然知道俺答汗的心思，他表面上勤勤懇懇的為俺答汗效勞，以取得他的信任，而實際上他無時無刻不在為逃跑做準備。

　　不久，蒙古的幾個部落舉行了一次搶羊比賽。各個奴隸主都把這次比賽當作是顯示自己的實力，藉以提高地位的機會，所以比賽中互不相讓，爭奪十分激烈。那俺答汗原以為自己的部落一定能佔到上風，沒想到羊卻被其他部落的人搶去了，急得他哇哇直叫。馬芳見機會來了，立刻走到俺答汗面前，要求給他一匹好馬，去把羊奪回來，那俺答汗求勝心切，立即叫人牽來一匹上等好馬，命令馬芳要不惜一切把羊奪過來。

　　馬芳騎上馬，像離弦的箭一樣直衝出去。再說那搶到羊的上兵，正興高采烈的舉著羊準備回來報功領賞，沒想到「半路上殺出程咬金」，他見馬芳追來，立即又調轉馬頭向前奔去。馬芳緊緊的追過去，兩人騎著馬向前飛奔，早把其他士兵甩在身後，漸漸的看不到了。這時，馬芳暗暗地抽出弓箭，一箭將

搶羊的士兵射死，立刻抱起羊沒命的向著南方奔馳而去。

再說那俺答汗等了半天仍不見馬芳回來，不由得起了疑心，立刻命令幾個士兵追趕過去。幾個士兵不敢怠慢，催馬加鞭，像風馳電掣一般追趕上來。

馬芳聽到身後馬蹄聲，知道追兵來了。猛地一轉身，隨手就是一箭，那領頭的士兵好像屁股下面裝了彈簧一般，立即從馬背上彈下來，活活摔死。

其他的士兵見狀，不敢再追，只好覆命去了。

馬芳唯恐再有士兵追來，便避開大路，閃入旁邊的小路上繼續往前逃跑。草原上的小路崎嶇不平，騎在馬上很難前進。馬芳只好牽著馬步行。為了不讓蒙古兵發現，他日宿夜行。餓了，割一塊羊肉烤了吃；渴了，就在河裡喝幾口生水。有幾次差點被蒙古兵抓住，但幾次都被他巧妙的擺脫了。馬芳經過一個多月的艱苦跋涉，吃盡了千辛萬苦，終於越過長城，回到了明軍陣地前。哨兵見馬芳一身蒙古服裝，懷疑他是奸細，便將他抓住去見軍中主將。

馬芳向主將詳細講述了自己一家的遭遇，又脫下衣服讓他看了身上的纍纍疤痕。正巧那主將曾經是馬芳父親的朋友，相

談之後，分外親切。又見馬芳人才出眾，武藝高強，便將馬芳留在軍中，待他立了軍功，再啟奏皇帝封給他職務。馬芳憑著他出類拔萃的本領和對蒙古軍隊的熟悉，一連打了許多勝仗。

明世宗嘉靖年間，皇帝曾委派馬芳任薊鎮和宣府總兵。馬芳懷著對蒙古奴隸主的刻骨仇恨，英勇善戰，一時威震北方。蒙古奴隸主的軍隊一聽到馬芳的名字，便聞風喪膽，潰不成軍。馬芳因戰功顯赫，不久便升任了元帥。

一個人一生中難免遭遇各種坎坷和磨難。不管遇到什麼困難和障礙，只要你的信心不倒，不放棄努力，在各種環境中積極為自己開拓未來，就能夠成就宏大的事業。

馬陵之戰孫龐鬥智

　　戰國前期，魏是最強盛的諸侯國。李悝制定了《法經》，又提倡「盡地力」，鼓勵農民發展生產。經過文侯、武侯，直到惠王的中葉，大約一百年左右的時候，魏一直保持著強大的局面。

　　惠王把國都從山西南部的安邑搬到河南的大梁（今開封西北），從此魏國又叫梁國。惠王用龐涓做將軍，攻打宋、衛等小國，連連獲勝，國勢依然很強。龐涓也儼然成為一時的風雲人物。

　　龐涓有個同學，名叫孫臏。龐涓雖然深諳兵法，與孫臏相比，還差一著。

　　孫臏是春秋時知名軍事家孫武的後代。孫家的兵法傳到孫臏，不但沒有疏漏，反而更加系統，更加周密了。後來孫臏把

《孫子兵法》、《吳起兵法》的精華與戰國中期的作戰經驗熔鑄於一爐，寫下了自己的軍事著作《孫臏兵法》。

龐涓這人，既驕傲又心地狹窄。怕孫臏為齊國任用，勢必成為魏國的勁敵。他想來想去，決定把孫臏「請」到魏國。

孫臏到了魏國，龐涓卻在惠王面前誣告孫臏，說他心懸故土，暗中與齊國勾結。魏王聽信讒言，按照魏國法度，把孫臏雙腿的膝蓋骨剔去，並在臉上刺了字，塗了墨。事到這個地步，孫臏方纔如夢初醒。

孫臏成了廢人之後，龐涓認為後患已除，對他就不加防範。碰巧，一次齊國使者到了大梁，孫臏暗暗找到了齊使，把事情的原委一股腦兒告訴了齊使。齊使就把孫臏藏在車子裡，暗暗送回齊國。

齊國將軍田忌十分器重孫臏，讓他住在自己家裡，尊為上客。田忌與齊威王喜歡賽馬賭輸贏。但每次比賽田忌老是輸給齊王。

有一次，孫臏去看賽馬，看後私下對田忌說「您再和齊王比一次，我能讓您穩操勝券。」

田忌知道孫臏既出此言，一定有什麼妙計，就與齊王約好

再次賽馬，每場賭注高達千金。比賽那天，賽場熱鬧非凡。

田忌對孫臏說：「您有什麼辦法叫我穩操勝券呢？千金賭注，可不能當兒戲呵！」

孫臏回答：「您用下等馬與齊王上等馬比，用上等馬與齊王中等馬比，而用您中等馬與齊王下等馬比就可以了。」

田忌按計劃照辦了。結果，第一場輸了，第二、三場都贏了。一負兩勝。終於贏得了千金。從此，田忌更加欣賞孫臏，並把他推薦給齊王。

公元前三五三年，龐涓率領魏軍包圍了趙國的都城邯鄲，趙成侯向齊威王求救。齊王決定派軍去救邯鄲。任命田忌為大將，孫臏為軍師，叫他坐在一輛有篷子的車子裡，給田忌運籌謀劃。

那時候，邯鄲在魏軍的圍攻下，情況非常危急。田忌認為既然要救趙，就應當兵赴邯鄲。孫臏卻不以為然，他說：「要想解開一團亂絲，只能用手指慢慢去理，不能握緊拳頭去捶打。要勸解兩個人打架，只能從旁勸說，不能自己插身進去幫著打。解圍的道理也正是這樣，只能避實就虛，擊其要害，敵人看到形勢不利，自然就會解圍而走。現在魏國的精銳部隊正在圍攻

邯鄲，國內空虛。您不如統率大軍直接攻打大梁，佔據它的交通要道，襲擊魏軍守備薄弱的地方。邯鄲城下的魏軍勢必趕回來自救。這樣，既可以解救邯鄲的圍困，又可以使魏軍疲於奔命，然後您選擇有利時機來消滅他們，這不是一舉兩得嗎？」田忌聽了，覺得很有道理，就照計行事。果然，龐涓雖然攻下了邯鄲，還是不得不急速退軍。魏軍疲勞不堪，退到桂陵（今山東菏澤縣東北），遇上了齊軍，雙方就在桂陵激戰起來。由於齊軍以逸待勞，魏軍被打得一敗塗地，龐涓不得不收拾殘兵，逃回大梁。

　　光陰不知不覺過了十二年，龐涓又率領了魏軍去進攻韓國。韓哀侯向齊國求救兵。

　　齊威王召集大臣，問：「救援韓國，我們早發兵好呢，還是晚發兵好？」

　　相國鄒忌答道：「魏韓互相火拼，雙方損傷實力對我們都有利。依我看，不發兵最好。」

　　將軍田忌反駁道：「我們不發救兵，韓國勢弱，很可能被魏國攻佔。那時，禍水勢必東流到齊。依我看，我們還是早發兵為好。」

　　雙方爭執不下，孫臏說了一番話，眾皆歎服。他說：「魏國自恃其強，大有兼併之勢。如果韓國被滅，魏國必定東向侵齊，所以不發救兵不妥當。但是魏軍現在剛剛開始進攻韓國，韓軍還沒有被削弱，我們去救助，就等於我們代韓出兵。答應派兵去幫助他們，以此安穩韓心，韓軍知道我們將要出兵相救，必定拚死抵抗魏軍，魏軍實力一定會大大消耗。我們等他們兩敗俱傷，再發兵救韓，那樣用力少而見功多，這才是上策。」齊王聽了孫臏的計策，稱讚不已，於是暗暗答應了韓國的使者。

　　等到韓軍五戰五敗，齊國認為時機已經成熟，方才發兵直接向魏都挺進。

　　龐涓聞訊，只得率領軍隊離韓，回師迎戰。

　　孫臏得到情報，就對田忌說：「韓趙魏的軍隊一向強悍勇敢，輕視齊兵。善於作戰的將領要利用這一點因勢利導。兵書上說過，趕到一百里外去打仗，就有損失上將的危險；趕到五十里外去打仗，路上士兵就可能逃亡一成。我們現在遠征魏國，最好偽裝成力薄勢單的模樣、滋長他們輕敵情緒，引誘魏軍冒險深入，然後選擇有利的時機殲滅他們。」

　　於是，孫臏命令齊軍當天造了十萬個行軍灶。行進了一天，

減為五萬個，第三天又減到三萬個。龐涓經過齊軍扎過營的地方，點了灶數、不覺喜上眉梢，興奮地對部下說：「我早就知道齊軍素來膽怯，果然不錯，才入魏境三天，就有一半兵士逃亡了，那樣的軍隊還敢打仗嗎！」於是，他立刻丟下步兵，自己帶領輕騎部隊日夜兼程，追趕齊軍。當時，孫臏時刻派人探聽龐涓消息，屈指計程，魏軍到達馬陵（今河南范縣西南）時，天色一定很晚。馬陵道很狹窄，兩旁多峻山峭壁，形勢險要，容易埋伏軍隊。

孫臏命令士兵把路旁一棵大樹的樹皮削去，露出白白的木質部分，在上面寫了八個大字：「龐涓死於此樹之下」。同時又命令一萬名善射的弓箭手，埋伏在道路兩旁，互相約定：「晚上一看到火光，就一起放箭」。

這天晚上，龐涓果然來到樹下，抬頭看到樹上削白的地方隱隱有幾個字跡，昏黑難辨，轉身命令小兵打火照看。兵士剛剛點起火把，龐涓還來不及看完八個字，埋伏的齊兵看見路上起了火光，頓時萬箭齊發。

魏軍猝不及防，一下子潰不成軍。龐涓身負重傷，自知已經到了窮途末路，悔恨交加地哀歎：「我恨當初沒有殺死孫臏，

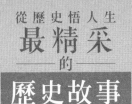

反倒叫這小子成了名！」說完，拔劍自刎而死。齊軍趁勢把魏軍殺得落花流水，魏太子也成了俘虜。

　　馬陵之戰以後，孫臏名揚天下，齊國也由此而聲威大震，一度出現了「諸侯東面朝齊」的局面。

　　從某種意義上來說：人生是一場殘酷的戰爭。為了贏得這場戰爭，一個人僅僅依靠心狠手辣是不行的，除了要奉行良好的道德，還要有智慧，有謀略，有耐心，才能夠贏得最後的勝利。

報國心切的廉頗

　　戰國時期的趙國，有一位出名的武將叫廉頗。他不但武藝高強，箭法出眾，還善於用兵打仗。秦國、齊國這些大國常來攻打趙國，趙王用廉頗為統帥，多次打敗了敵軍。敵軍聽到廉頗的名字，都很害怕。但後來，趙王中了秦國的離間計，認為廉頗老了不中用了，改派青年將領趙括代替他。趙括驕傲輕敵，使趙軍打了大敗仗，趙國也險些亡國。

　　趙王想重新起用老將廉頗，派出使者去看一看老將軍身體怎麼樣，是否還願意為國效力。廉頗見到趙王的使者，高興極了。為了表示自己威風不減當年，還能上陣打仗，為國立功，他一頓飯就吃了一斗米、十斤肉。

　　吃完了，又披上鎧甲，躍上戰馬，拉弓射箭，舞槍刺殺，果然身手不凡。他對使者說：「你看我，雖然老了，可是能吃

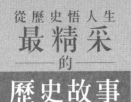

飯能打仗，只要大王肯用我，我萬死不辭，馬上回去領兵參戰！」

使者走了以後，廉頗日夜盼望趙王的調令，可一直沒等到。原來那個使者接受了一個叫郭開的壞人賄賂，故意在趙王面前說了瞎話，說廉頗飯量雖好，可一會兒工夫拉了三次肚子。趙王聽了，認為廉頗真不中用了，就不再調用他。

廉頗為趙國的安寧奮鬥了一生，晚年仍希望為國出力，對人說：「我真想有一天，還能率領趙國的兵士衝鋒陷陣啊！」

古今中外的志士仁人都特別強調愛國主義精神。宋代的陸遊曾寫道：「位卑未敢忘憂國，事定猶須待闔棺。」美國總統林肯說：「黃金誠然是寶貴的，但是生氣蓬勃、勇敢的愛國者卻比黃金更為寶貴。」只要一息尚存，就要全心全意的報效祖國。這就是愛國英雄們的本色。

自命清高的田仲

　　齊國有一個名叫田仲的人，自命清高，不願與達官貴人為伍而隱居鄉間，認為自己這樣做是十分明智的。

　　宋國有個叫屈谷的人到田仲那裡去見他，對他說：「我聽說過先生的大義，您是不願仰人鼻息的人。而我沒有什麼別的本事，只會種莊稼蔬菜，特別是種葫蘆很有方法。現在，我有一個大葫蘆。它不僅堅硬得像石頭一般，而且皮非常厚，以至於葫蘆裡面沒有空竅。這是我特意留下來的一隻大葫蘆，我想把它送給您。」

　　田仲聽後，對屈谷說：「葫蘆嫩的時候，可以吃；老了不能吃的時候，它最大的用途就是盛放東西。現在你的這個葫蘆雖然很大，然而它不僅皮厚，沒有空竅，而且堅硬得不能剖開。像這樣的葫蘆既不能裝物，也不能盛酒，我要它有什麼用

處呢？」

　　屈谷說：「先生說的對極了，我馬上把它扔掉。不過，先生是否考慮過這樣一個問題？您雖然是不仰仗別人而活著，但是您隱居在此，空有滿腦子的學問和渾身的本領，卻對國家沒有一點用處，您與我剛才說的那個大葫蘆不是一樣的嗎？」

　　一個人只有投入生活，積極地為社會作出貢獻，才能實現自我的價值。不踏踏實實的做事，只求虛幻的名聲，到頭來終將一事無成。

雄才大略的凱撒

　　凱撒是古羅馬著名的政治家、軍事家。他一生東征西伐，功勳顯赫，被後人尊稱為大帝，其實他並非皇帝，而且還拒絕稱帝。

　　公元前四四年二月十五日的「豐年祭」儀式上，執政官安東尼以突然襲擊的方式，將一項事先預備好的月桂皇冠戴到凱撒的頭上。安東尼原來以為，只要凱撒「皇袍加身」，階下眾人便會齊聲歡呼「萬歲」。誰料喊出「凱撒大帝萬歲」的只有安東尼一人。

　　開始時凱撒也很得意，可一看眾人對此反應十分冷淡，便當即摘下皇冠，斥退安東尼。此時，人群中突然爆出熱烈的歡呼聲。

　　還有一次，凱撒從阿爾巴城前線返回羅馬時，在歡迎的人

群中又有人高呼：「凱撒大帝萬歲！」凱撒再也沒有得意，而是立即高聲斥責：「我非大帝，我是凱撒。」從此以後，再也沒有人妄稱凱撒大帝了。

其實，凱撒早已有稱帝之心，但當他看到擁護其稱帝的人寥寥無幾時，當機立斷摘掉了皇冠，毅然決定不做皇帝，以免觸犯眾怒，既避免了授人以柄，又做到了收買人心的目的，實不愧是一位雄才大略的政治家。

識時務者為俊傑。即使身為領導者，要鞏固自己的地位，也要體察下屬的意願，盡量順應民心；不可盲目行事，更不可一意孤行。

善於忍耐的康熙

而清朝一代明君康熙不僅善於忍耐，而且知道什麼時候該主動出擊，因此，最終開創了中國古代史上最後一個盛世——康乾盛世。

公元一六六一年，順治帝病死，他的第三個兒子玄燁即位，這就是康熙皇帝。當時，康熙還不滿八歲，幸虧先帝臨終把索尼、蘇克薩哈、遏必隆和鰲拜四人叫來，讓他們做顧命大臣，盡心盡力輔佐小皇帝。

到康熙年滿十四歲的時候，按規矩可以親政了。但是顧命大臣們特別是鰲拜卻一點沒有還政的意思。小皇帝十分不悅，一心想除了這位騎在自己頭上的大臣，不想再當傀儡。於是，一場不可避免的權力之爭開始了。

康熙皇帝自小在宮廷長大，對統治體系內部的明爭暗鬥十

分熟悉，因此非常精通掌握權力的謀略。他知道鰲拜在朝廷裡勢力龐大，用公開的手段絕對解決不了問題，反會激化矛盾，引來大麻煩。因此，他在表面上一再容忍鰲拜，有時甚至裝出畏懼鰲拜的樣子。

康熙一再加封鰲拜一家，連鰲拜的兒子也當上了太子少師。鰲拜經常稱病在家，自己不上朝，但政事都由他在家裡處理，朝廷反倒成了擺設，康熙卻表現得毫不在乎，從來沒有異議。

鰲拜一家貪污索賄，結黨營私，康熙也睜一隻眼，閉一隻眼，只當沒看見。鰲拜假借維護祖宗成法，要恢復圈地，其他大臣反對，他就當著皇帝的面大聲呵斥其他大臣，康熙還是強忍著不開口。

有一天，鰲拜又稱病不上朝了，還托人帶口信給小皇帝，要康熙登門探望他的病情。康熙知道鰲拜是在試探自己，不去可不行，就帶著人來到鰲拜家。

進了鰲拜的臥室，康熙立即覺得氣氛不對，鰲拜躺在床上，神色卻十分緊張。衛士們也覺察到這一點，立刻有人到鰲拜睡的床上被褥下邊搜出了一把利刃。

　　面對皇帝，暗藏利刃，這可是一件涉及到謀反的大罪。皇宮裡的衛士們見自己在鰲拜府中，生怕皇帝一聲令下要抓人，反而討不了好，緊張得不得了。鰲拜也更加緊張起來，自己跟小皇帝直接起衝突，弄不好吃虧的反倒是自己。

　　正在劍拔弩張的剎那間，康熙皇帝卻鎮定自若的說了話：「滿族勇士本來就該刀不離身，你們緊張什麼？」一句話化解了一觸即發的危機，進一步安了鰲拜的心。

　　其實，小皇帝這是在欲擒故縱。鰲拜卻以為玄燁是個娃娃，什麼都不懂，放鬆了對皇帝的監視。康熙便設下了妙計，要活捉專橫跋扈的鰲拜。

　　在這以前，康熙已經做好了必要的準備。他按照滿清皇朝的規定，從滿族權貴人家中，選了一批身強力壯的子弟充當自己的貼身警衛。

　　這些半大的孩子，跟皇帝年齡相仿，平日裡天天在一起練習摔跤。有時候鰲拜進宮辦事，他們也照樣摔跤，玩得熱熱鬧鬧。這就給鰲拜一種假象，以為皇帝跟這群孩子一樣，不問國家大事，只知道打鬧貪玩。

　　鰲拜裝病試探皇帝的事發生之後，鰲拜按理該入宮答謝，

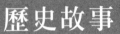

並且向皇帝匯報這幾日發生的事。康熙見時機已經成熟，就把平日跟自己一起練習摔跤的衛士們找來，安排好捉拿鰲拜這件至關緊要的大事。

康熙對衛士們說：「鰲拜身為輔政大臣，卻有違祖先規矩，處處安插親信，排斥異己，擅殺大臣，實在是太過分了。那天的事，你們都看到了，他居然在被子底下藏著刀子，膽敢害到皇帝頭上來了。朝廷裡的大事，都由他在家裡商量好了才啟奏，我這個皇帝還有什麼可做的？照這樣下去，大清什麼時候才能富強？所以，我們必須採取行動。你們雖然年輕，但卻都是我的親信。要除掉鰲拜，只有靠你們了！」接著他把早已深思熟慮的計劃告訴了衛士們。

鰲拜按時進了宮。他依然像往日一般，大搖大擺，一副旁若無人的樣子。來到皇帝的住處，只見平日那些孩子侍衛們正準備著練習摔跤，一個個蓄勢待發，好像士兵即將出征一般。

「這些娃娃又在鬧著玩兒啦。」鰲拜一肚子的不屑。不料那群孩子突然衝上前來，抱腰的抱腰，擰腕子的擰腕子，蹬腿窩的蹬腿窩，一下子纏住了鰲拜。

一開始鰲拜還以為小皇帝跟自己鬧著玩，所以也沒有全力

反抗。待到一群娃娃把他摁倒在地上，他才覺得大事不妙了，斜著眼去瞧指使他們的皇帝。只見康熙一臉的冰冷，又聽得小侍衛們滿口的怒罵，想要掙扎，已經來不及了。鰲拜一下子被捆了個結結實實。

　　就這樣，十六歲的康熙皇帝，不動聲色的拿下權臣鰲拜，把大權收歸己有，掃除了政權道路上的一大障礙，展現出一位傑出的政治家的魄力。

　　法蘭西斯·培根說：「無論是誰，假如喪失忍耐，也就將喪失靈魂。人千萬不可像蜜蜂那樣，把整個生命拼在對敵手的一螫中。」有時，「退一步是為了進兩步」，處理問題既需要果斷，也要善於忍耐，等待最適宜的時機。

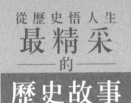

臥薪嘗膽的勾踐

　　春秋時期，夫差把勾踐打敗，吳國便趁機要越王勾踐夫婦到吳為奴僕，勾踐將國事托給大夫文種，讓范蠡隨他到吳國。於是，夫差便令勾踐為其牽馬。令人辱罵，勾踐也是一副奴才的樣子，馴服無比。

　　有一回夫差大病，勾踐便暗中命范蠡探看，范蠡回來告訴他夫差的病不久即可痊癒。於是勾踐便親自去見夫差，當然是以「探問病情」之理由，並且當著眾人的面親口嘗了夫差的糞便。

　　之後勾踐便向夫差道賀，說大王的病不需幾日就能好轉，並且向夫差磕了一個頭。湊近他身旁告訴他：「我曾經跟名醫學過醫道，只要嘗一嘗病人的糞便，就能知病的輕重，剛才我嘗了大王的糞便，味酸而稍微有些苦頭，這是得了醫生所說的

『時氣病』，此症一定能夠好轉，大王不用太擔憂。」

沒過幾日，夫差的病果然好轉過來，夫差為勾踐的話語和行動所感動，惻隱之心一起，便把他放回越國去了。

勾踐回到國後，不近女色，不觀歌舞，愛撫群臣，教養百姓。他靠自己耕種吃飯，靠妻子親手織布穿衣，不吃山珍海味，不服綾羅綢緞。勾踐甚至連褥子都不肯用，床上儘是些乾柴乾草，並且用繩懸一個苦膽，天天嘗它，以此提醒自己不要忘掉昨日受的凌辱與苦難。

他還常常到外地巡視，探望孤寡老弱病殘。諸大夫對他更加愛戴，他便對他們講：「我預備與吳兵開戰，望諸位肝膽相照、奮勇爭先，我當與吳王頸臂相交，肉搏而死，此乃我一生夙願。如果這不能辦到，我將棄離國家，告別群臣，身帶佩劍，手舉利刀，改變容貌，更換姓名，去做奴僕，侍奉吳王，以找機會與吳開戰。我知道這要被天下人所羞辱，但我決心已定，一定要實現！」

終於，吳越兩國進行了決戰。越軍勇猛無比，吳軍潰敗，越軍包圍了吳王王宮，攻下城門，活捉了夫差，殺死其宰相。滅吳之後，越國勢力大大增強，民心歡悅，越國遂稱霸於諸侯。

在中國人生智慧中，十分重視「韜晦」，即自己的行動目標，不能輕易暴露，而且必須有一定的掩飾。

韜晦之策實際是在自己力量尚無法達到自己追求的目標時，為防止別人干擾、阻撓、破壞自己的行動計劃，故意採取的假象策略。

韜晦之策又有極強的進取性，雖然在表面上有許多退卻忍讓，卻更顯示人的韌性與忍辱負重的內在力量。韜晦之策又有因極大的隱蔽性具有極強的實效性，它往往攻其不備而出奇制勝，取得事半功倍的結果。

嚴嵩和夏言

　　嘉靖中期，嚴嵩和夏言同為朝廷大臣。夏言科第在嚴嵩之前，地位在嚴嵩之上，而且寫得一手好文章，深為皇帝所器重。但是他自恃才高，難免有些目中無人，尤其喜歡別人對他奉承誇讚。嚴嵩對他並不服氣，但他也是極有心計的人，不露一點鋒芒，耐心的等待時機。他利用與夏言同是江西老鄉這層關係，設法去討好夏言。

　　有一次，他準備了酒筵，親自到夏言府上去邀請夏言。夏言根本沒有把這個同鄉放在眼裡，隨便找了個藉口不見他。嚴嵩心裡恨得直咬牙，但表面卻裝得謙恭極了。他在堂前鋪上墊子，跪下來一遍一遍的高聲朗讀自己帶來的請束。夏言很受感動，以為嚴嵩真是對自己恭敬到這種境地；這也正符合了他好虛榮求奉承的心理。

　　從此夏言很器重嚴嵩，一再提拔他，甚至還向皇帝推薦他接替自己的首輔位置。夏言大概做夢也不會想到，正是這位由自己一手提拔上來的同鄉，最後竟置他於死地。

　　嚴嵩知道自己的計謀在一步步得逞，心裡甚為得意；但表面卻不露分毫，對夏言仍是俯首帖耳，只是暗中在尋找、製造機會，以將夏言一下子打倒。但時機未成熟他是不會露出狐狸尾巴的。

　　嘉靖皇帝迷信道教。有一次他下令製作了五頂香葉冠，分賜幾位寵臣，夏言一向反對嘉靖帝的迷信活動，不肯接受。而嚴嵩卻趁皇帝召見時把香葉冠戴上，外邊還鄭重地罩上輕紗。皇帝對嚴嵩的忠心大加讚賞，對夏言很不滿。

　　而且夏言撰寫的青詞（道教中茶神仙的「奏章」）也讓皇帝不滿意，而嚴嵩卻恰恰寫得一手好青詞。嚴嵩也利用這個機會，在寫青詞方面大加研究；同時還迎合皇上心意，給他引薦了好幾個懂道的「高人」。皇帝越來越滿意嚴嵩而疏遠夏言。

　　又有一次，夏言隨皇帝出巡，沒有按時值班，惹得皇帝大怒。皇帝曾命令到西苑值班的大臣都必須乘馬車，而夏言卻喜歡乘轎。好幾件事情都惹得皇帝很不高興，因此皇帝對夏言越

來越不滿。

嚴嵩眼看時機已到，馬上一改他往日的謙卑，勾結皇帝所寵幸的道士陶仲文，一起在皇帝面前添油加醋的說了夏言許多壞話。

皇帝本來就已經對夏言有諸多不滿，現在又是他的兩個寵臣來揭發夏言的過失，他也就沒什麼懷疑，一怒之下罷免了夏言的一切官職，令嚴嵩取代了夏言的首輔職務。

水往低處流，人們處於實力微弱、處境困難的時候，也就是受到打擊和欺侮最多的時候。這種情況下，人們的抗爭力也最差，如果能避開大劫就算很幸運了。

那麼，此時面對別人過分的「待遇」，最好是採取忍耐的策略，忍下一時之氣，立足於「留得青山在，不怕沒柴燒」，用「君子報仇，十年不晚」作為忍的動力和理由。

王羲之裝醉避禍

　　東晉時期著名書法家王羲之，七歲就開始練字，尚未成年，已經落筆不俗，被人譽為「小神筆」。

　　當時，朝廷中有位名叫王敦的大將軍，常常把王羲之帶到軍帳中表演書法，天色晚了，還讓他在自己的鋪上睡覺。

　　有一次，王敦起床了，王羲之還沒有醒。一會兒，王敦的心腹謀士錢鳳進來了，兩人悄悄的商量事情，談的是想造反的事，卻忘記了王羲之還睡在帳中。

　　王羲之醒來，聽見了他們談話的內容，非常吃驚，心想，如果他們記起了自己睡在這裡，一定會懷疑機密洩露，說不定要殺人滅口呢！怎麼辦？

　　恰好昨天喝了點酒，於是，他就假裝酩酊大醉，把床上吐得遍處都是，接著，又蒙頭蓋臉，發出輕輕的鼾聲，好像睡熟

了似的。

王敦和錢鳳密談了多時，忽然想起了王羲之，不由得心驚肉跳，臉色驟變。錢鳳咬著牙根，惡狠狠的說：「這小子，不能不除掉。不然，我們都要遭滅門之禍了。」

兩人手握尖刀，掀開帳子，正要下手，忽聽王羲之「囈囈」的說起夢話來，再一看，嶄新的被褥吐滿了飯菜，散發出一股嗆鼻的酒味。王敦和錢鳳相視片刻，都以為王羲之酒後熟睡未醒，也就算了。

俗話說：多一事不如少一事。過多的瞭解別人的隱私，可能會給自己造成傷害，因此，偶爾假裝糊塗是明智的。

處變不驚的宰相謝安

　　公元四世紀後半期，洛陽、長安淪陷，中原成為胡人的天下。在北方的黃河流域，有五胡所建立的十六國互相爭鬥，東晉王朝則在長江流域勉強保持其國土。這個時代可稱得上是個亂世。

　　出身東晉名門貴族的謝安，年輕時人們便對他抱有很高的期望，甚至連王室也屢次催請他出仕，但謝安則始終稱病而不接受，寧願過其悠悠自適的生活。雖然如此，人們依然談論「安石不出，蒼生將如何？」而對謝安寄予厚望。

　　當謝安肩負起眾望而就任東晉宰相時，前秦苻堅任用王猛為相，南取梁、益二州，北併鮮卑拓跋氏之代，西兼西涼，正以旭日東昇之勢制壓黃河流域，進而將其箭頭指向南方的東晉。謝安身為宰相，當務之急，乃是設法遏止前秦的侵略，以謀求

東晉的安泰與延續。於是，乃起用其侄兒謝玄為上將軍，負責防備前秦的攻擊。

不久，前秦動員百萬大軍，大舉入寇。雖說此舉早在預料之中，東晉朝野的震盪，仍然很大。因為與前秦的百萬大軍相比，東晉負責守備的兵力，卻只有八萬人。東晉首都建康（今南京）的人民無不擔心害怕，嚇得無心耕種。

其中，唯獨宰相謝安不同，依然處變不驚，顯得從容不迫。

上將軍謝玄在出陣之前，跑來進見叔父謝安，看看有什麼指示。謝玄發現謝安的態度「夷然」，也就是說非常平靜，絲毫沒有驚慌的樣子。對謝玄所提的問題，也只回答說：「噢，這件事我自有打算。」除此之外，再也沒說什麼。

謝玄在不得要領之下，也只好暫時先退下。但後來，由於還是覺得不安，乃派遣部下前往再度請示，結果部下卻回報說，謝安已至其別館，與友人們設宴享樂了。

謝玄於是就親自跑到別館去。但沒有想到卻被謝安抓住，要他下一盤圍棋。說什麼如果下輸，就把別館奉送。謝安的棋藝本來是比不過謝玄的。但是今天謝玄卻偏偏贏不了謝安，因為現在哪裡有閒情逸致來下棋呢？

就這樣，謝安雖然面臨迫在眉睫的國難，仍然處之泰然，絲毫看不出有驚慌失措的樣子。

其實，謝安之所以能如此處之泰然，是有原因的。首先，他已在江北祕密訓練了一支生力軍，用劉牢之作為參軍，戰鬥力量十分強，這就是歷史上有名的「北府兵」，淝水之戰的獲勝，其功不可沒；同時也因為他相信這樣才是身為宰相者應有的態度。

當然，謝安的這種態度產生了穩住謝玄以及其他朝臣動搖之志的效果，卻是不可爭之事實。而且，若說謝安在事前沒有想到這一點，是不正確的。在這緊要關頭，如果宰相本身都驚慌失措，那麼人心的動搖必然就更大了！

謝玄到了前線以後，積極果敢地採取主動攻擊，首先把敵軍的前鋒部隊擊垮。當初被認為處於劣勢的晉軍，就因為此次的勝利，士氣大為高漲。

反之，前秦軍隊大多為烏合之眾，且由於在序戰就被打得潰不成軍，而慌了手腳。謝玄見前秦軍開始後退，乃乘勝追擊，終於把前秦軍隊打得大潰而逃。歷史上，稱之為「淝水之戰」，此為東晉孝武帝太元八年之事。

東晉此次的全勝，固然要歸功於上將軍謝玄的戰略得法，但謝玄之所以能無後顧之憂而專心致志於指揮作戰，應該可說有賴於叔父謝安在後方的沉著穩重，看似胸有成竹的態度吧！

當捷報以快馬傳至謝安手中時，謝安剛好與來客下著圍棋。他把書信看了一遍，就若無其事地擱置在桌上，繼續下棋。臉上看不出絲毫喜色。來客覺得奇怪，問謝安是什麼事情。謝安才三言兩語地回答說：「年輕的將將士們，已經破敵了！」

謝安在平時，無論是喜怒哀樂，從未表露在臉上，而經常保持泰然自若的態度。即使在面臨國難時，也沒有為之動容。若說他是以這種態度而贏得人民的信賴，得以防止人心的動搖，並使得謝玄打了一次決定性的勝仗，也並不為過。

情緒性的東西多了，理智和原則就會少了。因此，在日常生活中，一定要多一些理性，少一些隨意性。在情緒不穩定或受到干擾時，最好不要下決定，做決策。反之，經常保持泰然自若的態度，則更容易做出正確的決策，減少因衝動而犯錯的機會。

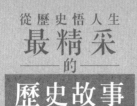

死姚崇算計活張說

　　唐玄宗時代，姚崇、張說兩人，同時做了朝中丞相，而兩人之間怨恨很深。姚崇在臨終之前，還是十分擔心在他死後，張說利用職權報復自己的兒孫，因為姚崇明白，張說曾被貶出京城，這完全是他向皇上啟奏得准的結果。

　　快斷氣前，姚崇想出一計，把兒子們叫到自己跟前，對他們說：「我當朝廷宰相多年，立下不少的功勞政績，皆可以成文傳世。死後，我的碑文，你們應該請文壇大家來寫！而文壇之領袖，應該首推張說。

　　不過，我與張說仇怨頗深，若是直接登門求他來寫，他會斷然拒絕。所以，我想了一個辦法，在我死後的靈台前，你們陳設一些珍寶古玩，張說最喜愛的便是這些。他在前來弔念之時，若是對這些珍寶古玩視而不見，你們就很難活命了。如果

他對那些珍寶古玩逐一把玩愛不釋手，便說明他是一個見寶眼開、見寶忌恨之人，那就有機可乘。

你們可以把這些珍寶送給他，再趁機恭維他為文壇領袖、天下第一筆，請他為我寫篇神道碑。在珍寶古玩的懾心之下，在你們的吹捧鼓動之下，他一定會答應，並急急而就！你們碑銘一拿到手，立即刻到石碑之上，並將張說所寫的手稿，讓皇上過目，要記住，一切的一切，全在一個『快』上！否則，張說回過神來一旦追悔，當前功盡棄，你們肯定全都必死無疑。」

姚崇死後，張說前來弔唁，見到姚崇之子們依計擺放的珍寶古玩，果真愛慕的看了三四遍。此時，姚崇的長子湊近他道：「先父曾有遺言，說同僚中肯為他寫一碑文者，這些珍寶古玩，悉數奉贈！您張說前輩是當今文壇泰斗，自然不會看重這些珍寶古玩，但若願為先父勞心成一篇碑文，我們將永生不忘，這些小小的酬謝自是無法表達我們的答謝之情！」

張說一聽，天下竟有這等好事，想也沒想，迅速答應道：「爾等先父，與我同朝為官多年，今先走一步，我為其寫一銘文，純屬分內中事，一定不負所托。」

張說回到住所之後，就馬上動筆，剛剛寫好，姚崇的兒子

們就將那些珍寶古玩送到，叩謝一番，取了出自張說之手的碑文，一回府上，拓印一份，立刻找工匠刻到墓碑之上，並將張說的手書原稿，火速送入宮中，呈給皇上御覽。

張說在姚崇的兒子們拿走自己所寫的碑文之後，仔細一想，覺得其中似乎有什麼不妥之處，當他想到自己與姚崇一直仇怨未解，且在姚崇歸西後，自己還極力為他大唱讚歌時，嚇出一身大汗。再看那些珍寶古玩，便知自己上了姚崇的當！於是，快馬加鞭趕到姚府，索要原稿，謊稱原稿之中有些定論過於輕率，應當加以修改。然而，為時已晚，稿文已刻成碑文，且手稿已呈送給了皇上。

事已至此，張說有苦難言，非常悔恨。他拍著胸脯說：「死姚崇能算計活張說，我今天才知道自己的才智不如他。」

生活中，經常需要採取適當的措施進行自我保護。保護自己的方式很多。為了達到保護自己的目的，除了要善於動腦之外，還要捨得花錢，用較小的經濟損失來避免自身遭受更大的傷害。

深知官場險惡的郭子儀

　　唐朝郭子儀爵封汾陽王，王府建在首都長安的親仁里。汾陽王府自落成後，每天都是府門大開，任憑人們自由進進出出，而郭子儀不允許其府中的人對此給予干涉。有一天，郭子儀帳下的一名將官要調到外地任職，來王府辭行。

　　他知道郭子儀府中百無禁忌，就一直走進了內宅。恰巧，他看見郭子儀的夫人和他的愛女正在梳妝打扮，而王爺郭子儀正在一旁侍奉她們，她們一會兒要王爺遞毛巾，一會兒要他去端水，使喚王爺就好像奴僕一樣。

　　這位將官當時不敢譏笑郭子儀，回家後，他忍不住講給他的家人聽，於是一傳十，十傳百，沒幾天，整個京城的人都把這件事當成笑話來談論。郭子儀聽了倒沒有什麼，他的幾個兒子聽了卻覺得大丟王爺的面子，他們決定對父親提出建議。

　　他們相約一齊來找父親，要他下令，像別的王府一樣，關起大門，不讓閒雜人等出入。郭子儀聽了哈哈一笑，幾個兒子哭著跪下來求他，一個兒子說：「父王您功業顯赫，普天下的人都尊敬您，可是您自己卻不尊重自己，不管什麼人，您都讓他們隨意進入內宅。孩兒們認為，即使商朝的賢相伊尹、漢朝的大將霍光也無法做到您這樣。」

　　郭子儀聽了這些話，收斂了笑容，對他的兒子們語重心長的說：「我敞開府門，任人進出，不是為了追求浮名虛譽，而是為了自保，為了保全我們全家人的性命。」

　　兒子們感到十分驚訝，忙問其中的道理。

　　郭子儀歎了一口氣，說道：「你們光看到郭家顯赫的聲勢，而沒有看到這聲勢有喪失的危險。我爵封汾陽王，往前走，再沒有更大的富貴可求了。月盈而蝕，盛極而衰，這是必然的道理。所以，人們常說要急流勇退。可是眼下朝廷尚要用我，怎肯讓我歸隱，再說，即使歸隱，也找不到一塊能夠容納我郭府一千餘口人的隱居地呀。可以說，我現在是進不得也退不得。在這種情況下，如果我們緊閉大門，不與外面來往，只要有一個人與我郭家結下仇怨，誣陷我們對朝廷懷有二心，就必然會

有專門落井下石、妨害賢能的小人從中添油加醋，製造冤案，那時，我們郭家的九族老小都要死無葬身之地了。」

郭子儀之所以讓府門敞開，是因為他深知官場的險惡，正因為他具有很高的政治眼光又有一定的德性修養，善於忍受各種複雜的政治環境，因此即使在自己功勳卓著的日子，也時時做好了準備應付可能發生的危險。

人世間的許多危險，常不露痕跡的潛藏在外表完美的人和物裡。要保護自己，就要時刻提高警惕，避免麻痺思想，千方百計的避開一切可能的危險。

只圖眼前利益的秦穆公

　　秦國自穆公即位以後，重用賢能，國勢逐漸強盛，於是覺得自己的領土太狹小，常想擴張。周襄王二十四年，秦國駐鄭國的大夫杞子派人回國向秦穆公報告一個好消息。杞子在信中寫道：「鄭國將都城北門的鑰匙交給我管了。如果大王派兵祕密來鄭，就可以得到鄭國。」

　　秦穆公暗想：晉、鄭兩國國君近日相繼去世，如乘發喪之機興兵出鄭，從此可進入中原了。秦穆公徵詢上大夫蹇叔的意見。蹇叔說：「鄭是小國，遠在千里之外。我軍長途遠征，豈能保守祕密？欲攻有備之敵，很難取勝；即使獲勝，亦無利可圖；萬一失敗，則損失慘重。」

　　秦穆公熱衷於擴張地盤，不聽蹇叔的意見，派百里奚的兒子孟明視、蹇叔的兒子西乞術和白乙丙三人為將，領兵向東遠

征。

塞叔十分擔憂，在軍隊出發那天，他哭著對兩個兒子和孟明視說：「我看著你們出發，再也看不到你們回來了。這次遠征，晉國必然出兵到崤山來堵擊。崤山有二陵，地勢險惡。我得去那裡收你們的屍骨了。」

秦軍出發後，過崤山，經洛邑抵達滑國國境。這時，有個鄭國的販牛商人弦高，獲知秦軍將偷襲鄭國的消息，冒充鄭國使臣來求見孟明視。

弦高對孟明視說：「鄭國的國君聽說貴軍要來鄭國，特派我獻上薄禮熟牛皮四張，牛十二頭，以助犒賞。」同時，弦高急派人趕赴鄭都報告鄭國國君：秦軍將偷襲鄭國，請速做迎戰準備。

孟明視考慮到鄭國已經獲得消息，必須做好準備，知道偷襲已不可能，如進軍去圍攻，孤軍深入，又無後援亦難以成功。遂下令停止前進，駐軍於滑國境內。秦軍在進退兩難之際，孟明視為了不虛此行，下令夜襲滑國，將滑國的財物擄掠一空，滿載於兵車之上撤兵回國。

晉國正在籌辦晉文公的喪事，忽然獲悉秦軍經過桃林、崤

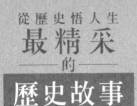

函地區東征的消息，晉襄公立即召文武官員議論。大夫先軫說：
「秦穆公不聽蹇叔的忠告，興師伐鄭，貪婪之極。貪婪之敵不
可縱，縱則生變。我軍應予攔擊。」

　　晉大將欒枝說：「秦穆公曾有厚恩於晉文公，所以文公曾
避其三舍，今去攔襲，恐怕有違於剛去世的晉文公之意……」

　　先軫說：「一日縱敵，將為後世之患。我今為後世考慮，
亦無愧於先君。」

　　晉襄公於是決定擊秦。晉軍抵達崤山，在東崤西崤之間及
崤陵關裂谷兩側高地設伏，以待秦進入伏擊區後，分段堵擊。
秦軍自滑國回秦，因兵車重載，行動遲緩。進入崤山後，道路
崎嶇狹窄，隊伍拉得很長。

　　白乙丙對孟明視說：「我父親再三囑咐，過崤山要多加小
心，軍隊不能過於分散。」

　　孟明視歎了口氣說：「過了崤山，就是秦國地界，我去前
邊開路，你們帶兵跟上，快走。」

　　又走了一段路，發現前邊的路被亂木堵死了，沒法通過。
孟明視知道危難臨頭，只得故作鎮靜，吩咐士兵搬開亂木，開
路前進。秦軍正在搬動亂木，忽聽四周鼓聲大作，山谷中旌旗

閃動，不知有多少馬包過來。前有堵截，後有追兵，都高舉晉軍旗號，很快就把秦軍切成幾段。不多久，秦軍或被俘，或被殺，全軍覆滅，孟明視、西乞術、白乙丙三個將領全都成了晉軍的俘虜。

　　秦穆公只圖眼前的利益，一味的貪圖擴張領土，只見利而不見害。而他任用的幾位將軍上行下效，也頗具貪心，最終吃了敗仗，落得損兵折將的下場。

　　很多人因為把金錢和物質利益看得太重，而成為了金錢的奴隸。他們以為金錢是萬能的，因此在追名逐利的過程中只見利而不見害，結果往往因小失大，終因貪小便宜而吃大虧。

善於洞察世事的少年

　　東漢有個叫吳佑的名士，少年時就能洞察世事，又通曉歷史，對官場中爾虞我詐、相互傾軋的人事關係有深刻的瞭解，常常為當官的父親籌劃計謀，使父親安然的避免了禍患。

　　有一年，吳佑的父親吳恢奉旨遠赴南海郡擔任太守。當時只有十二歲的吳佑也隨同前去。

　　上任一些日子後，吳恢認為自己治理南海很有政績，就要一邊記載在冊，一邊抄寫經書。吳佑知道了，便急忙勸阻：「父親，萬萬不可。」

　　吳恢聽到很火大，厲聲責問道：「你懂個啥？」

　　吳佑從容的問道：「父親，您不遠千里，不辭辛勞，攀越越城、都龐、萌渚、騎田、大庾等五嶺，來到這瀕臨南海的蠻荒之地，您知道其間的利害關係嗎？」

　　吳恢聽到兒子出口不凡，言辭鑿鑿，語氣不免和緩了，疑惑的說：「你說這話是什麼意思？」

　　吳佑解釋道：「據我觀察和調查，南海郡百姓所受文化教育很少，風俗鄙陋，人情險惡性，這是一個很難治理的地方啊！朝廷並不相信您能在短短時間就有治理的政績，而是懷疑您是否貪污了許多財寶；那些權貴顯要人物並不會讚揚你治理的政績，而是日夜盼望您能向他們貢獻一些稀世珍寶，因為它本是盛產黃金、寶石的地方啊！」

　　吳恢覺得兒子有些杞人憂天，便說：「我可以不記政績，但與我抄寫經書又有什麼關係呢？」

　　吳佑笑道：「大有關係，如若處理不當，可能有殺身之禍呢！」

　　吳恢說：「你這是危言聳聽！」

　　吳佑說：「父親，就算把六經抄寫一遍，您估計要幾輛馬車才裝載得下？」

　　吳恢說：「抄在竹片上，起碼得需要兩輛！」

　　吳佑笑道：「好，兩輛馬車運回京城，人們會怎樣看這件事呢？」

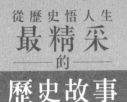

　　吳恢驚問：「兩車經書嘛！」

　　吳佑嚴肅的說：「恐怕沒有這麼簡單吧！過去馬援將軍曾經把南方的藥玉米帶回一車，原先是準備做種子，在北方推廣種植，不料卻被別人誤認為是珍寶。他死後還遭人揭發，蒙受了不白之冤。王陽平時喜歡駕馭精美的車馬，穿戴華貴的衣服到處炫耀，結果引起別人的妒忌，以至紛紛傳說他撈取了不少黃金，害得他有口難辯。這種遭人懷疑、忌恨和陷害的事，是古時候的先賢時刻警惕的呀！」

　　吳恢恍然大悟，立即打消了抄經書的計劃。

　　古人特別強調：「瓜田你納履，李下不正冠。」以免引起別人的懷疑，給自己帶來不必要的麻煩。另外，古人還非常強調「隱忍」，主張做人要低調、謹慎些，切忌張揚，以免引起別人的忌恨，給自己設下人為的障礙。

善於應變的蘇秦

　　合縱派的領軍人物蘇秦一開始對秦惠王倡導連橫戰略，他遊說秦惠王說：「大王的國家，西面有巴、蜀、漢中等地的富饒物產，北方有來自胡人地區的貴重獸皮與代地的良馬，南邊有巫山、黔中作為屏障，東方又有崤山、函谷關這樣堅固的要塞。土地肥沃，民殷國富；戰車萬輛，壯士百萬；沃野千里，資源豐富，積蓄充足；地勢險要，能攻易守。這正是天下公認的『天府之國』，秦國因而真正是雄霸天下的強國。憑著大王您的賢能，秦國士卒與百姓的眾多，戰車、騎兵等武器的巨大作用，兵法和謀略的運用之妙，完全有把握吞併其他諸侯，一統天下，稱號皇帝，統治全中國。希望大王能考慮一下這一前景，允許臣陳述自己的方略。」

　　秦惠王說：「寡人常聽人說：羽毛不夠豐滿的鳥兒無法高

飛，法令不完備的國家無法獎懲刑罰，道德不崇高的君主無法統治萬民，政策教化不順應天意的君主無法號令大臣，如今先生不遠千里來到我秦國登庭指教，寡人內心非常感激，不過關於軍國大計，最好還是等將來再說吧！」

蘇秦說：「我本來就懷疑大王能否聽取我的意見。以前神農攻打補遂，黃帝討伐涿鹿擒獲蚩尤，唐堯放逐歡兜，虞舜攻打三苗，夏禹王攻打共工，商湯王滅夏桀，周文王攻打崇侯，周武王滅商紂，齊桓公用戰爭雄霸天下，都說明了一個國家要想稱霸天下，哪有不經過戰爭就達到目的的？

古代使者都坐著兵車奔馳，各國互相締結口頭盟約，謀求天下統一；雖然講究合縱連橫，卻是戰爭不息；說客和謀士們進行巧辯和權詐之術，致使諸侯慌亂疑惑，結果一切糾紛都從此發生，簡直複雜到無法處理的地步；章程和法律都完備的國家，人們又常常做出虛偽的行為；文書、籍策雜亂繁瑣，百姓生活貧困不足；君臣上下都愁眉不展，百姓無所依賴；法令規章越多，戰爭發生的也就越多；能言善辯穿著儒士服裝的越多，戰爭就越發無法停止。什麼事如果不顧根本而專門講求文辭末節，天下就越發無法太平。因此說客的舌頭說焦了，聽的人耳

朵都聽聾了，卻不見什麼成效；做事即使講義氣守信用，也沒辦法使天下和平安樂。」

「因此就廢除文治而使用武力，召集並且禮遇敢死之士，製作好各種甲冑，磨光各種刀槍，然後到戰場上去爭勝負。大王要明白，沒有行動卻想使國家富強，安居不動卻要使國土擴大，即使是古代帝王、三王、五霸和明主賢君，想不用刀兵而獲得這些，也是無法實現雄心的。所以只有用戰爭才能達成國家富強的目的。

距離遠的就用軍隊互相攻伐，距離近的就短兵相殺，只有如此才能建立偉大功業。所以軍隊如果能得勝於外國，那麼國內民眾的義氣就會高漲，君王的權威就會增強，人民會自然地服從統治。

現在假如想要併吞天下，奪取王位，征服敵國，轄制海內，治理百姓，號令諸侯，實在是非用武力不行。可是如今繼嗣當政的君主，卻都忽略了用兵的重要性，不懂得教化人民；不修明政治，常被一些詭辯之士的言論所迷惑，沉溺在遊說之士的言語辯辭中，而誤信各種不適當的外交政策。依照這樣的情形，大王一定不能實現連橫。」

　　蘇秦遊說秦王的奏章，雖然一連上了十多次之多，但他的建議始終沒被秦王採納。他的黑貂皮襖也破了，一百兩金幣也用完了，最後甚至連住房旅費都沒有了，不得已只好離開秦國回到洛陽。他腿上打著裹腳，腳上穿著草鞋，背著一些破書，挑著自己的行囊，形容枯槁、神情憔悴，面孔又黃又黑，很顯失意。他回到家裡以後，正在織布的妻子不理他，嫂子也不肯給他做飯，甚至父母也不跟他說話，因此他深深歎息：「妻子不把我當丈夫，嫂子不把我當小叔，父母不把我當兒子，這都是我蘇秦的罪過。」

　　當晚，蘇秦就從幾十個書箱裡面找出一部姜太公著的《陰符》來。從此他就趴在桌子上發奮鑽研，選擇其中重要的加以熟讀，而且一邊讀一邊揣摩演練。當他讀書讀到疲倦而要打瞌睡時，就用錐子刺自己的大腿，鮮血一直流到自己的腳上。他自語道：「哪有遊說人主而不能讓他們掏出金玉錦繡，得到卿相尊位的呢？」過了一年，他的研究和演練終於成功，他又自言自語說：「現在我真的可以去遊說各國君王了。」

　　於是蘇秦就步入趙國的燕烏集闕宮門，在華屋之下遊說趙王。他對趙王滔滔不絕的說出合縱的戰略和策略，趙王聽了大

喜過望，立刻封他為武安君，並授以相印，兵車一百輛、錦繡一千束，白璧一百雙，金幣爾十萬兩，車隊尾隨他後，到各國去約定合縱，拆散連橫，以此壓制強秦。

因此，當蘇秦在趙國做宰相時，秦國不敢出兵函谷關。在當時，廣大天下、眾多百姓、威武的諸侯、掌權的謀臣，都要聽蘇秦一人來決定一切政策。沒消費一斗軍糧，沒徵用一個兵卒，沒派遣一員大將，沒有用壞一把弓，沒損失一支箭，就使天下諸侯和睦相處，甚至比親兄弟還要親近。由此可見，只要有賢明人士當權主政，天下就會順服穩定；只要有這樣的一個人得到合適的使用，天下就會服從領導、歸順朝廷。所以說：「應該運用政治手段解決問題，而不必用武力征服來處理一切；要在朝廷上慎謀策劃、運籌帷幄，而不必到邊疆上去廝殺作戰。」

當蘇秦權勢顯赫、紅極一時的時候，金帛二十萬兩供他使用，他所指揮的戰車和騎兵連接不斷，所到之處都顯得威風八面，嵚山以東的各諸侯國，莫不望風聽從他的號令。趙國的地位也越來越受到尊重。其實蘇秦此人，當初只不過是一個住在陋巷、掘牆做門、砍桑做窗、用彎曲的木頭作門框的那類窮人罷了。但現在的他卻常常坐上豪華的四馬戰車，騎著高頭大馬

遊歷天下，在各諸侯國朝廷上遊說君王，使各諸侯王的親信不敢開口，天下沒有誰敢與他對抗了。

　　蘇秦要去遊說楚威王，路過洛陽。父母得知，就趕緊整理房間、清掃道路，僱用樂隊，準備酒席，到距城三十里遠的地方去迎接；妻子對他敬畏得不敢正視、斜著眼睛來看他的威儀，側著耳朵聽他說話；而嫂子跪在地上不敢站起，像蛇一樣在地上爬，對蘇秦一再叩頭請罪。蘇秦問：「嫂子你對待我，為什麼以前那樣的傲慢不遜，而現在又這樣的卑賤下作呢？」他嫂子答：「因為現在你地位尊顯、錢財富裕的緣故。」蘇秦長歎一聲說道：「唉！一個人如果窮困落魄，連父母都不把他當兒子，然而一旦富貴顯赫之後，親戚朋友都感到畏懼。由此可見，一個人活在世界上，權勢和富貴怎麼能忽視不顧呢！」

　　功利主義有時為了名利，甚至不擇手段，蘇秦在他的心目中，維護哪個國家的利益、站在哪個國家的立場倒不重要，重要的是自己的功名利祿一定要得到實現，自己的抱負、野心一定要得到依托的載體。合縱、連橫只不過是蘇秦的方法而已，他的目的還是名利二字。當然戰國時代天下大亂，哪個國家正義哪個國家非正義，誰能說確切呢？由於功利主義人生哲學的

實踐性和目的證明方法的功利性，使它的方法論成為一種實踐方法論。

「頭懸梁，錐刺股」的典故和精神就來源於蘇秦，他堅強的意志和為了抱負拚命的精神確實值得我們學習。他的奮鬥精神，充分張揚了他的智慧；他的良好口才，充分顯示了他個性和氣度。遊說連橫不成，就去遊說合縱，這種順應時勢、知機應時、知權善變、努力進取、自強不息的精神是值得我們學習的。

遇到問題的時候，不能夠不頑強執著的對待；但是，又不能把握得過死，缺乏必要的靈活性。當外界情況發生變化的時候，一定要對自己的策略進行適當的調整，這樣才能更好的適應社會，為自己的發展提供更為有利的條件。

一心拜師學藝的鍾隱

　　五代南唐有位畫家叫鍾隱，他從小喜歡畫畫，經名師指點，自己又刻苦練習，年紀不大就成了名。從此，家中的賓客絡繹不絕，有求畫的，有求教的，有切磋探討畫藝的，當然也有巴結奉承的，好不熱鬧。

　　要是換了膚淺的人，遇到這種情況，一定會自鳴得意，沾沾自喜，可是鍾隱對這一切卻無動於衷，每天仍然在書房裡潛心作畫，除了萬不得已，一切應酬的事全讓家人代勞。無意之中，連自己的新婚妻子也給冷落了。

　　鍾隱的妻子對丈夫有些不太理解了。一天，鍾隱正在畫畫，他的妻子悄悄走進書房，幫他研墨，鍾隱感謝的向她點點頭，繼續作畫。妻子幾次欲言，又幾次閉口，最後實在忍耐不住，說道：「你何必自己困擾自己，你已有萬貫家財，才華也受到

世人的讚賞，還有什麼值得你這樣每日辛苦呢？」

鍾隱放下手中的筆，從書架上取下一幅畫，在妻子面前打開，說道：「你看這上面的鳥畫得怎麼樣？」

妻子說：「我不懂畫，說不出門道，不過我覺得那鳥像活了似的，翅膀正在動。」

鍾隱又取出另一幅畫，打開放在妻子面前，問道：「你再看看這幅畫怎麼樣？」

妻子搖搖頭說：「這怎能跟那幅相比，那鳥畫得呆頭呆腦，像是貼上去的。」

鍾隱把畫輕輕捲起，笑著說：「誰說你不懂畫？看得很準，只是那第一幅是別人畫的，第二幅才是我畫的。雖說在畫山水畫上我已經有了點功夫，但畫花鳥還差得遠呢！你說，我怎能不練習呢？」妻子終於理解了丈夫的心思。

鍾隱深知，自學一年，不如拜師一天。要想畫好，必須有名師指點，才能夠達到事倍功半的效果。他四處打聽哪有擅畫花鳥的名師高手，自己好前去拜師學藝。可是打聽了很久，也一無所獲，鍾隱心中十分煩惱。

這一天，他與故人侯良一起喝酒，酒到酣處，二人的話也

就多了。鍾隱訴說了自己的苦惱，並問侯良是否能給引薦個擅畫花鳥的名師。

　　侯良說：「這你可找對人了。我的內兄郭乾暉就很擅長畫花鳥畫。我妻子說，有一次他畫的牡丹，竟把蜜蜂給招來了。不過這個人性格古怪孤僻，別說收學生，就連自己畫的畫也不輕易給人看。更怪的是，他畫畫時總躲著人，深怕人家把他的技巧偷學去。」

　　鍾隱倒覺得郭乾暉這個人很有意思。他如此神祕，想必其中定有訣竅。可是怎麼才能接近他呢？這倒得動動腦筋了。

　　鍾隱是個倔脾氣，什麼事只要他想做，就一定要千方百計的做成。他四下打聽，聽說郭乾暉要買個家奴。他想，這倒是個好機會，我不妨扮成家奴。一來可以進郭府，二來可以看到郭乾暉畫畫。於是，鍾隱打扮成僕人的樣子，就到郭府應聘去了。郭乾暉見鍾隱長得非常機靈，就留下了他。

　　在郭府，鍾隱每天端茶遞水，打扇侍候，什麼雜活兒都做。但他畢竟是富家子弟，一切生活起居從來都是由別人照顧，哪裡做過這些粗活？一天下來，常累得腰酸腿疼。唯一使他感到安慰的是他看到了一些郭乾暉畫的畫，那可真是名副其實的上

乘之作。鍾隱想盡辦法，堅持不離郭乾暉左右，希望能親眼看見他作畫。而每次作畫時，郭乾暉不是讓他去做這，就是讓他去做那，總是想盡辦法的把他打發走。就這樣，鍾隱雖然賣身為奴，還是沒有機會看到郭乾暉作畫。

　　一連兩個月過去了，鍾隱還是一無所獲，幾次他都產生了離開的念頭，但心中又總是還有一線希望使他留下來。

　　再說鍾隱的家裡，鍾隱賣身為奴去學畫的事情誰也不知道，連他的妻子也只知道他是出遠門，去會朋友。

　　鍾隱畢竟是個名人，每日高朋滿座。但這些日子，朋友來找他，家人都說他出門了。問去哪兒了，又都說不知道。一次兩次，搪塞過去，時間一久，親友們就起了疑心。最後連家人也疑心重重，特別是鍾夫人，非要把他找回來不可。

　　一天，郭乾暉外出遊逛，聽人家說名畫家鍾隱失蹤了兩個月了，連家人也不知他去了哪兒。再聽人家描述鍾隱的歲數和相貌，郭乾暉覺得這個人好像在哪兒見過。細一想，想起來了，跟家裡的那個年輕的人很相像，他也正好來家裡兩個月。

　　「怪不得他總想看我作畫呢」，郭乾暉恍然大悟，「不過他倒真是個好青年，能帶這樣的學生，是老師的幸運。我也就

後繼有人了。」

　　郭乾暉急急忙忙的跑回家，把鍾隱叫到書房裡，說道：「你的事情我全知道了。為了學畫，你不惜屈身為奴，實在使老夫慚愧。我多年來不教學生，自有我的道理，今天遇到你這樣虛心好學的青年，我很難不破例，將來你會前途無量的。」

　　鍾隱終於以執著的求學精神感動了郭乾暉，名正言順的成了他的學生，郭乾暉把自己多年的經驗和技藝，毫無保留的傳授給了鍾隱。

　　鍾隱是個老實人，對生活、對藝術，他的態度是老實和執著的，但是，他也是非常聰明和善於動腦、圓滑的。

　　首先，他知道自己的實力，並堅持努力；其次，他知道，光靠自己努力是不行的，必須有名師指點；最後，為了學習，他不惜採取迂迴曲折的方式，賣身為奴，所以最終實現了自己的理想。

　　追求進步、不斷進取是好事，但在可能遇到阻力的時候，如果能夠採取曲折的方式，達到目標的機會就會增加很多。

醜女和西施

　　春秋時代，越國有一位美女名叫西施。她的美貌簡直到了傾國傾城的程度。無論是她的舉手、投足，還是她的音容笑貌，樣樣都惹人喜愛。西施略施淡妝，衣著樸素，走到哪裡，哪裡就有很多人向她行「注目禮」，沒有人不驚歎她的美貌。

　　西施患有心口疼的毛病。有一天，她的病又發作了，只見她手捂胸口，雙眉皺起，流露出一種嬌媚柔弱的女性美。當她從鄉間走過的時候，鄉里人無不睜大眼睛注視。

　　鄉下有一個醜女子，不僅相貌難看，而且沒有修養。她平時動作粗俗，說話粗聲粗氣，卻一天到晚做著當美女的夢。今天穿這樣的衣服，明天梳那樣的髮型，卻仍然沒有一個人說她漂亮。

　　這一天，她看到西施捂著胸口、皺著雙眉的樣子竟博得這

麼多人的青睞，因此回去以後，她也學著西施的樣子，手摀胸口、緊皺眉頭，在村裡走來走去。

哪知這醜女的矯揉造作，使她原本就醜陋的樣子更難看了。其結果，鄉間的富人看見醜女的怪模樣，馬上把門緊緊關上；鄉間的窮人看見醜女走過來，馬上拉著妻子、帶著孩子遠遠的躲開。

人們見了這個怪模怪樣、模仿西施心口疼，在村裡走來走去的醜女人簡直像見了瘟神一般。

唐朝大詩人李白曾有這樣兩句詩：「醜女來效顰，還家驚四鄰。」積極向別人學習和借鑑別人的經驗是非常重要的，但是，盲目模仿別人的外表，不顧自身的條件和特色，不注重內在素質的提高，只會弄巧成拙。

師文向師襄學琴

　　古時候有個善於彈琴的樂師名叫師襄，據說在他彈琴的時候，鳥兒能踏著節拍飛舞，魚兒也會隨著韻律跳躍。

　　鄭國的師文聽說了這件事後，十分嚮往，於是離家出走，來到魯國拜師襄為師。師襄一一的教他調弦定音，可是他的手指十分僵硬，學了三年，竟彈不成一個樂章。師襄無法可想，只好說：「你太缺乏悟性，恐怕很難學會彈琴，你可以回家了。」

　　師文放下琴後，歎了口氣，說：「我並不是不能調好弦、定準音，也不是不會彈奏完整的樂章。然而我所關注的並非只是調弦，我所嚮往的也不僅僅是音調節律。我的真正追求是想用琴聲來宣洩我內心複雜而難以表達的情感啊！在我尚不能準確的把握情感，並且用琴聲與之相呼應的時候，我暫時還不敢放手去撥弄琴弦。因此，請老師再給我一些時日，看我是否能

有長進！」

　　果然，再過了一段時間以後，師文又去拜見他的老師師襄。師襄問：「你的琴現在彈得怎樣啦？」

　　師文胸有成竹地說：「稍微摸到了一點訣竅，請讓我試彈一曲吧！」

　　於是，師文開始撥弄琴弦。他首先奏響了屬於金音的商弦，使之發出代表八月的南呂樂律，只覺琴聲挾著涼爽的秋風拂面，似乎草木都要成熟結果了。

　　面對這金黃收穫的秋色，他又撥動了屬於木音的角弦，使之發出代表二月的夾鐘樂律，隨之又好像有溫暖的春風在耳畔迴盪，頓時引來花紅柳綠，好一派春意盎然的景色。

　　接著，師文奏響了屬於水音的羽弦，使之發出代表十一月的黃鐘樂律，不一會兒，竟使人感到霜雪交加，江河封凍，一派肅殺景象如在眼前。

　　再往下，他叩響了屬於火音的徵弦，使之發出代表五月的蕤賓樂律，又使人彷彿見到了驕陽似火，堅冰消釋。

　　在樂曲將終之際，師文又奏響了五音之首的宮弦，使之與商、角、徵、羽四弦產生和鳴，頓時在四周便有南風輕拂，祥

雲繚繞，恰似甘露從天而降，清泉於地噴湧。

　　這時，早已聽得如癡如醉的師襄忍不住雙手撫胸，興奮異常，當面稱讚師文說：「你的琴真是演奏得太美妙了！即使是晉國的師曠彈奏的清角之曲，齊國的鄒衍吹奏的律管之音，也無法與你這令人著迷的琴聲相媲美呀！他們如果能來此地，我想他們一定會帶上自己的琴瑟管簫，跟在你的後面當學生的！」

　　古人說：「涉淺水者得魚蝦，涉深水者得蛟龍。」學習任何技藝，都不能只滿足於簡單操作和表面上的熟練；而是要下深功，精究其理，矢志不渝。只有這樣，才能達到爐火純青的境界。

孔子和游泳的祕訣

　　有一次，孔子帶著他的幾個學生到呂梁遊覽觀賞美妙的大自然景色。只見那呂梁的瀑布飛流而下，從三千仞高處直瀉下來，濺起的水珠泡沫直達四十餘里以外。

　　瀑布下來沖成一條水流湍急的河，在這裡，就連魚鱉類水族動物都不敢遊玩出沒。然而，孔子卻突然發現一個漢子跳入水中暢游。

　　孔子大吃一驚，以為這個漢子有什麼傷心事欲尋短見，於是，他立即叫自己的學生順著水流趕去救那個人。

　　不料，那漢子在游了幾百步遠的地方卻又露出了水面，上得岸來，披著頭髮唱著歌，在堤岸邊悠然地走著。

　　孔子趕上前去，誠懇地問他說：「我還以為你是個鬼呢，仔細一看，你實實在在是個人啊！請問，游泳有什麼祕訣嗎？」

　　那漢子爽快地一笑說：「沒有，我沒有什麼游泳的祕訣，我只不過是開始時出於本性，成長過程中又按照天生的習性，最終能達到一種境地是因為一切都順應自然。

　　我能順著漩渦一直潛到水底，又能隨著漩渦的翻流而露出水面，完全順著水流的規律而不以自己的生死得失來左右自己的行為，這就是我游泳游得好的道理。」

　　孔子又問道：「什麼叫做開始出於本性，成長中按照天生的習性，而有所成就是順應自然呢？」

　　那漢子回答說：「如果我生在丘陵，我就去適應山地的生活環境，這叫做出自本來的天性；如果長在水邊則去適應水邊的生活環境，這就是成長順著生來的習性；不是刻意的去這樣做卻自然而然地這樣做了，這就叫順應自然。」

　　孔子聽了漢子的一番話，若有所悟的點頭而去。

　　聰明的人之所以有智慧，就在於他能找到生活中的規律並掌握規律，因此做什麼事都會得心應手，並且能達到出神入化的境地。

　　整個生命就是一場控制性的遊戲，有時你會贏，有時則會輸。訓練你自己掌握生存的規則，這樣你就會盡可能多的在遊戲中獲勝。

胡雪巖最擅長的商道

即使在今天，一百多年前胡雪巖的「紅頂商人」之名，恐怕中國經商者莫不知也。的確，胡雪巖能成為名震天下的一代商賈，與其擅長的商道密不可分。

胡雪巖最擅長的商道是什麼呢？胡雪巖有句名言：「立志在我，成事在人」。這與帶有宿命論色彩的「謀事在人，成事在天」有著根本的不同。一個成功的商人必然有「立志在我，成事在人」的大自信，胡雪巖正是具備了這種非凡的自信。

胡雪巖立志要自己當老闆，開拓一番事業。他當初創辦阜康錢莊時，從外部環境來說，當時國家正處於戰亂之中，並且太平天國活動的主要區域，也正是長江中下游地區的東南一帶。而晚清的金融業還是山西「票號」天下，在東南地區後起的寧紹幫、鎮江幫經營錢莊的實力和影響，還遠遠不及山西票號。

從自身條件看，胡雪巖此時除了具有在錢莊學徒的經驗外，身上不名分文。但他踏入商界之初做的第一件事就是創辦自己的錢莊。此時的胡雪巖所憑藉的也就是他的那份自信。他相信憑自己對錢莊業務的深刻瞭解，憑自己精到的眼光和過人的手腕，當然也憑藉官場靠山王有齡的幫助，他足以開辦一家錢莊並將其發展成為第一流的、可以與山西票號分庭抗禮的錢莊。就憑著非凡的自信，他的阜康錢莊說辦就辦起來了。

當他的商業大廈既將倒塌，面臨破產的最危急的時刻，他也決不肯做坑害客戶隱匿私產「拆爛污」的事情。他相信自己雖敗但不倒。

胡雪巖說：「我是一雙空手起來的，到頭來仍舊一雙空手，不輸啥！不僅不輸，吃過、用過、闊過，都是賺頭。只要我不死，我照樣一雙空手再翻過來。」這更表現了一種能成大事者的自信！

一個有大成就者必須具有這樣的自信。如果胡雪巖當初沒有那種非凡的自信，他也許根本就不會想到自己也能開錢莊，那麼他哪裡還會有後來的巨大成功呢？

古往今來，凡是想成大事、能成大事者，都具有一種大自信。所謂「當今之世，捨我其誰」，「天生我才必有用」……這些都展現出了那些有大成就者的豪邁胸懷。

　　常言道，自信方能自強。只有自信，才能做到知難而進，才能有臨淵不驚、臨危不懼的英雄本色。說到底，一個人的自信心，實際上是他為實現自己的人生目標廢寢忘食、奮力打拚的內在動力。

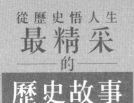
然明和子產

　　鄭國首都有一所鄉校，人們喜歡到那裡聚會和遊玩，每天熱熱鬧鬧的。

　　一天，有位叫然明的朝廷大夫走過這裡，看見有幾個人圍在一起爭論得面紅耳赤，留神一聽，原來他們正在議論朝政的得失，抨擊官員的優劣，因為出現了不同意見，所以聲音越說越大，圍觀的人也越來越多。

　　然明臭著臉轉身就走，找到了當時擔任執政卿的子產，憤憤不平的說：「老百姓到鄉校去，並不是為了學點有益的東西，倒是興致勃勃的說長道短，雖然也有人對朝廷說一些好話，可是抨擊政事、指責國君、批評大臣的為數不少，如果流傳開去，對國家有什麼好處呢？乾脆把鄉校拆了，看老百姓還能到哪裡去嚼舌根？」

子產擺擺手說：「既然老百姓喜歡到鄉校去，為什麼要把鄉校拆掉呢？」

然明連忙說：「你自己去聽聽吧，老百姓的這些話，對朝廷不利，對你我也絕對沒有好處呀！」

「我們先不談鄉校的事，」子產依然平靜的說，「我有一事請教你，當河水暴漲，即將崩堤時，是因勢利導放掉一些水，還是加高堤岸把水堵起來呢？」

「應該放掉一些水好。」然明想了想說。

「還有，當一個人有了難言之病，是痛痛快快告訴醫生讓他醫治呢，還是遮遮掩掩不讓醫生知道呢？」子產又問道。

「當然應該把病情告訴醫生。」然明這次回答得很乾脆。

「這就對了，」子產朗聲大笑起來，「朝廷在治理國家大事過程中，官員在處理大大小小的政務時，都免不了要出些差錯，或者做出不利於老百姓的事來，老百姓對朝廷、對官員有意見，說出來了，我們可以及時予以糾正。

現在首都的那所鄉校，正是老百姓說話的地方。如果我們拆了它，老百姓自然也就不再聚集起來批評政事了，把他們的不滿情緒憋在肚子裡去。那樣，就像暴漲的河水一樣，堵塞得

越厲害，沖決堤岸時的力量就越大，造成的危害也就更加嚴重。這和向醫生隱瞞病情造成貽誤也是一樣的道理。」

　　然明聽到這裡，心服口服，贊同的說：「你說得對，這鄉校不去拆了，留在那裡，對國君有利，對朝廷有利，對你我都有利」。

　　「良藥苦口利於病，忠言逆耳利於行。」在生活中，不要怕聽反對意見；對待別人的意見，要抱持「有則改之、無則加勉」的態度。

漢靈帝死後的混亂紛爭

　　漢靈帝三十四歲就死了，十四歲的皇子劉辯即位，史稱少帝，朝廷大權落在何太后和她的哥哥大將軍何進手中。

　　當初，宦官蹇碩被靈帝委以典領禁軍的重任，為「西園八校尉」之統帥，與何進不和。靈帝將次子劉協托付給蹇碩，蹇碩曾密謀誅何進，擁立劉協，之後事情敗露，何進才免一死。

　　何太后臨朝，大赦天下，改元光熹。封皇帝劉協為渤海王，命後得軍袁隗為太傅，與何進同任尚書事。何進執掌朝政，就想誅殺蹇碩，但巧的是袁紹進京，為何進參謀，不但誅殺蹇碩，而且要將宦官一網打盡。何進又征何為北軍中侯，鄭泰為尚書。

　　當時何進握有軍權，他將蹇碩誘入宮，當即捕殺，蹇碩所領的村兵也為何進所掌握。

　　校尉喜紹，又向何進建議：「以前竇武誅殺宦官，反被宦

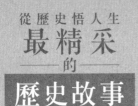
官害死，無非是因為事不機密，當時的士兵，都怕宦官，竇武想依靠他們，哪能成事呢？現在將軍和您的弟兄，都掌握兵權，部下又能願為您效力，事情在您掌握之中，這正是天賜良機。將軍應為天下除患。必流芳後世，不可遲疑。」

何進就請求太后誅殺宦官，太后不同意。

何進有些猶豫，太監張讓、趙中已得了消息。嚴加防範。為了誅殺宦官，何進欲召外兵入京。

主簿陳琳說：「諺云：『掩目捕雀，是譏人自欺！』試想捕一微物，尚且不宜欺掩，更何況是國家大事呢？現在將軍仗皇威，握兵權，龍驤虎步，高下在心，若欲誅宦官，如鼓洪爐，如燎毛髮，容易得很；但當機立斷，便事成功，現在即想借外臣，這就是倒持干戈，授人利柄，非但無功，反而生亂！」

何進不聽，令左右傳書信於四方，召兵進京。

典軍校尉曹操，聽到此事說：「自古以來，俱有宦官，但皇上不應讓其受寵掌權，釀成禍亂；若欲治罪，當除元兇，一獄吏便足了事，為何紛紛召外兵？事一洩露，必致失敗。」

由地方豪強起家的董卓，接到何進的書信，說近日入京。何進聞報大喜，侍御史鄭泰進諫說：「董卓強忍寡義，貪慾無厭，

若假以政權，授以兵柄，將來必驕恣不法，上危朝廷，明公望降勳威，位據阿衡，欲除去幾個權閹，何須倚卓？且事緩變生，殷鑑不遠，但教秉意獨斷，便可有成。」

何進仍不聽，鄭泰辭職回鄉去了。

董卓大軍向京城開進，途中上書何太后，請誅殺宦官。太后不從。何進也變了卦，派人前往澠池董卓營中，企圖阻止他前進，董卓不聽，一鼓作氣開到京城外駐紮下來。在大兵壓境的情況下，何太后不得已將十常侍張讓等宦官罷免，遷出皇宮。

張讓等人不甘心，透過舞陽君的關係說服了何太后，同意讓他們重新回宮。在此期間，何進手握兵權，想殺十常侍是不需費什麼力氣的，可是他一直沒有動手。

張讓、段等太監密謀誅殺何進，他讓太監埋伏在嘉德殿門外，然後詐傳太后的詔命，讓何進入宮，何進一入宮門，就被太監一擁而上，當即殺死。

張讓、段又寫了假詔書，命樊陵為司隸校尉，許相為河南尹，企圖控制要害部門。罷去袁紹、王允的官職。尚書們不由得懷疑，盧值派人去宮門探信，才知何進已被殺，當即入軍營，何進部下吳匡、張璋揮兵殺向宮門，袁紹、袁術也帶兵殺來。

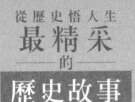

宮門早已關閉，中黃門持械守衛，袁術在宮門外叫罵，要他們交出張讓等，沒人答應，他們就放起火來。

張讓等挾持太后，少帝陳留王，從復道逃往北宮。已守候多時的尚書盧植，立即誅殺太監，袁紹、袁術等人也從南門攻入。亂殺一氣死者二千餘人。張讓、段乘亂兵持少帝劉辯和陳留王劉協逃出皇宮，其餘的宦官全被袁紹殺死。

駐在郊外的董卓，見城內火光沖天，知道發生了變故，就連夜帶兵入城，途中，得知少帝已被劫持離京，就由城西轉向城北追去。

張讓等人逃離皇宮後，由洛陽北門倉皇而出，沿黃河步行至小平津時，被河南尹王允派來的人追上，張讓等人紛紛投河自盡。

少帝又被董卓的人馬迎走，由此開始了董卓專政，天下十八路諸侯征討董卓，王允計殺董卓，天下大亂的局面。

古之英雄豪傑，都聽信善意的忠言，因此成就了大業，名垂青史。粗心大意，遇事猶豫不決，聽不進別人的正確意見，過於自負，就難免會失敗。

任尚和班超的教誨

　　西漢初年，班超為西域都護使。他在漠北任職達三十多年，威懾西域諸國。在他任期內，西域各族不敢輕舉妄動，因此漢朝西北部邊疆及西域地區得以和平安寧。為此朝廷封其為定遠侯，可謂功成名就。

　　當班超年老力衰之後，以為自己已不能勝任此職，便上表辭職。皇帝念其勞苦功高，便批准了他的請求，讓任尚接替他的職務。

　　為了辦理交接手續，任尚拜訪了班超，問他：「我要上任去了，請您教我一些統治西域的方法。」

　　班超打量一下任尚，答道：「看你的樣子就是個急性子的人，做事可能一板一眼，所以我有幾句話奉勸你：當水太清時，大魚就沒有地方躲藏，諒它們也不敢住下來，同樣為政之道也

不能太嚴厲，太挑剔，否則也不容易成功。對西域各國未開化民族，不能太認真，做事要有彈性。大事化小，繁事化簡才是。」

任尚聽了，大不以為然。雖口頭上表示贊成，內心卻不服。

「我本以為班超是個偉大人物，肯定有許多高招教我，卻只說了些無關痛癢、無足輕重的話，真令我失望。」

任尚果然把班超的教誨當作了耳邊風。他到達西域後，嚴刑峻法，一意孤行。結果沒過多久，西域人便起兵鬧事，該地就此失去了和平，又陷於激烈的刀兵狀態。

出現這樣的結果，任尚想必是非常後悔的。但是，已釀成大亂，後悔已無濟於事了。

班超出使西域數十年，他的成功經驗當然是寶貴的。任尚毫無治理西域的經驗，應該認真領會才對。

「做事要有彈性」絕不是「無關痛癢、無足輕重」的話，它是長輩智慧的結晶。年輕人不可固執己見，看輕別人的經驗，要多多參考長輩的建議，這樣可以少走許多冤枉路。

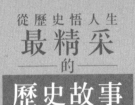

昏庸無能的虢國國君

　　虢國的國君平日裡只愛聽好話，聽不得反面的意見，在他的身邊圍滿了只會阿諛奉承而不會治國的小人，直至有一天虢國終於亡國。

　　那一群誤國之臣也一個個作鳥獸散，沒有一個人願意顧及國君的，虢國的國君總算僥倖的跟著一個車伕逃了出來。

　　車伕駕著馬車，載著虢國國君逃到荒郊野外，國君又渴又餓垂頭喪氣，車伕趕緊取過車上的食品袋，送上清酒、肉脯和乾糧，讓國君吃喝。國君感到奇怪，車伕哪來的這些食物呢？於是他在吃飽喝足後，便擦擦嘴問車伕：「你從哪裡弄來這些東西呢？」

　　車伕回答說：「我事先準備好的。」

　　國君又問：「你為什麼會事先做好這些準備呢？」

車伕回答說：「我是專替大王您做的準備，以便在逃亡的路上好充飢、解渴呀。」

國君不高興地又問：「你知道我會有逃亡的這一天嗎？」

車伕回答說：「是的，我估計遲早會有這一天。」

國君生氣了，不滿的說：「既然這樣，為什麼過去不早點告訴我？」

車伕說：「您只喜歡聽奉承的話。如果是提意見的話，哪怕再有道理您也不愛聽。我要給您提意見，您一定聽不進去，說不定還會把我處死。要是那樣，您今天便會連一個跟隨的人也沒有，更不用說誰來給您準備吃的喝的了。」

國君聽到這裡，氣憤至極，紫漲著臉指著車伕大聲吼叫。

車伕見狀，知道這個昏君真是無可救藥，死到臨頭還不知悔改。於是連忙謝罪說：「大王息怒，是我說錯了。」

兩人都不說話，馬車走了一程，國君又開口問道：「你說，我到底為什麼會亡國而逃呢？」

車伕這次只好改口說：「是因為大王您太仁慈賢明了。」

國君很感興趣的接著問：「為什麼仁慈賢明的國君不能在家享受快樂，過安定的日子，卻要逃亡在外呢？」

車伕說：「除了大王您是個賢明的人外，其他所有的國君都不是好人，他們嫉妒您，才造成您逃亡在外的。」

國君聽了，心裡舒服極了，一邊坐靠在車前的橫木上，一邊高興的自言自語說：「唉，難道賢明的君主就該如此受苦嗎？」他頭腦裡一片昏昏沉沉，十分疲憊的枕著車伕的腿睡著了。

這時，車伕總算是徹底看清了這個昏庸無能的虢國的國君，他覺得跟隨這個人太不值得了。於是車伕慢慢從國君頭下抽出自己的腿，換一個石頭給他枕上，然後離開國君，頭也不回的走了。

最後，這位亡國之君死在了荒郊野外，被野獸吃掉了。

只愛聽奉承話，聽不進批評意見，頑固按照自己的想法，獨斷獨行，不採納他人的意見，一味執迷不悟的人，後果將是十分可悲的。

唇亡齒寒的悲劇

春秋時候，晉國是一個大國，它的旁邊有兩個小國，一個是虞國，一個是虢國。這兩個小國是鄰國，國君又都姓姬，因此關係非常密切。

虢國和晉國接壤的地方經常發生衝突，晉獻公想滅掉虢國。但是他剛說出這個想法，大夫荀息就勸他說：「虞國和虢國兩國唇齒相依，如果我們攻打虢國，虞國肯定會出兵救援，這樣我們不一定能佔什麼便宜。」

晉獻公問：「難道我們拿虢國沒辦法了嗎？」

荀息給晉獻公出了一條計策：「虢公荒淫好色，我們可以送給他一些美貌的歌女舞女，這樣他就會縱情享樂，荒疏政務，我們就有機會攻打他們了。」晉獻公就派人送了一些歌女舞女給虢公。

　　虢公大喜，果然成天荒淫享樂，不理朝政。晉獻公問荀息，現在可以攻打虢國了嗎？荀息說：「如果我們現在攻打虢國，虞國還是會出兵救援，還得用計離間他們。攻打虢國要經過虞國，我們可以向虞公送上一份厚禮，向虞國借道，這樣他們兩國就會互相猜疑，我們就可以從中取利了。」

　　晉獻公一狠心，把晉國的國寶一匹千里馬和一對價值很高的白璧作為禮物，派荀息送給虞公。

　　荀息到了虞國，奉上禮物，虞公看著殿前的這匹千里馬，只見它身長一丈五尺開外，高一丈有餘，通體潔白並無一根雜毛，馬頭高高的仰著，氣宇軒昂，似乎隨時都能乘風而去，這匹馬果然不比凡馬。

　　荀息見虞公看得兩眼發直，在一旁說：「這匹千里馬日行千里，夜走八百，乃是我們晉國的國寶，」

　　虞公聽了不停的點頭。荀息對虞公說：「您再看看這對白璧，色澤白淨如羊脂，拿在手裡觀賞，寶光奪目，溫潤可人，這麼大的白璧沒有一點瑕疵，雕琢得渾然天成，這也是我們晉國的國寶。」虞公把白璧拿在手裡細細賞玩，看得眼珠子都要掉出來了。

這時他唯恐荀息再把這些寶物要回去，急忙問荀息：「貴國送我這兩件寶物，是不是有什麼事要我幫忙？」

荀息恭恭敬敬的說：「我們要討伐虢國，想要向貴國借一條道，如果我們打勝了，所有的戰利品都送給貴國。」虞公一聽，晉國的條件對虞國來說簡直不費吹灰之力，趕忙滿口答應下來。

大夫宮之奇勸諫虞公道：「且慢，此事萬萬不可答應，虢國和虞國是近鄰，有事互相照應，兩國的關係就好比嘴唇和牙齒，嘴唇要是沒了，牙齒就會覺得寒冷；要是虢國被消滅了，我們虞國也就危險了。」

虞公現在所有的心思都在這兩件寶物上，哪能把嚥進嘴裡的美味再吐出來？虞公心裡知道宮之奇說得有道理，但是他看看那匹神駿的千里馬，再看看案子上溫潤無瑕的白璧，沉吟了一會兒說：「晉侯把國寶都送給我們了，可見他們的誠意，雖然失去虢國這個朋友，但結交強大的晉國，這對虞國來說還是很有利的啊。」宮之奇還想再勸諫，站在他身邊的大夫百里奚把他制止了。

散朝之後，宮之奇問百里奚：「晉國送我們禮物，明顯是

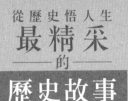

不安好心，你為什麼不讓我勸諫國君？」

百里奚回答：「你看國君對那兩件寶物那麼著迷，他哪會聽你的話？你這是把珍珠扔到地上啊。」宮之奇預見到虞國很快就要遭到滅頂之災，於是悄悄的舉家潛逃了。

過了不久，晉獻公派大將里克和荀息帶領大軍討伐虢國，晉軍借道經過虞國的時候，虞公還親自出來迎接，他對里克說：「為感謝貴國的盛情，我願意帶兵助戰。」

荀息回答道：「您要是願意幫助我們，還是幫我們騙開虢國的關卡吧。」虞公按照荀息的計策，帶兵假裝援助虢國，幫晉軍騙開了虢國的關卡，晉國大軍很快就滅了虢國。里克分了很多戰利品給虞公，虞公看到一車車的金銀珠寶和美女，樂得嘴都合不攏了。

里克藉機說要把大軍駐紮在虞國都城外休息幾天。

這一天，有人報告虞公：「晉獻公到城外了。」虞公趕忙驅車出城迎接，兩位國君一見面，晉獻公對虞公說：「這次滅虢國，貴國對我們的幫助很大。現在我特地前來致謝，今日天氣晴朗，我們一起去打獵如何？」虞公很高興的答應了。

晉獻公又說：「圍獵必須多派些人同去，貴國士兵熟悉本

地的地形，還請您多帶些人。」虞公把全城的兵馬都調出城打獵，他們正在圍場上打獵，忽然看見百里奚飛馳而至，他急匆匆的對虞公說：「出事了，您趕快回去吧！」虞公趕忙回城，到城門邊一一看，城門緊閉，吊橋高懸，城門樓上閃出一員晉軍大將，他得意洋洋地對虞公說：「上次多謝你們借道讓我們滅了虢國，現在我們順手把虞國也滅了。」

虞公一聽，嚇得面如土色，他回頭一看，身邊只剩下百里奚了，虞公想起當初宮之奇勸諫自己的話，後悔不迭地對百里奚說：「當初宮大夫良言相勸，我怎麼就不聽呢？唉，果然是唇亡齒寒啊！」

這時候，晉獻公的人馬也到了，他見到虞公眉開眼笑的說：「我這次到虞國來，就是要親手取回我們的兩件寶貝的，不過看在你幫我們滅了虢國，並且把虞國也拱手相讓的分上，我另送你一對玉璧和一匹千里馬吧。」

一個人只有深謀遠慮、從整體上分析和進行判斷，顧全大局，才能做出正確的選擇。如果目光短淺，就容易招致災禍。

從內部打擊齊國的妙策

　　戰國時候，有一次趙王派了孔青帶領大軍救援稟丘。孔青是員猛將，加上足智多謀的寧越輔佐，所以趙軍一戰大敗齊軍，擊斃了齊軍統帥，並俘獲戰車兩千輛。

　　戰場上留下了三萬具齊軍屍體，孔青決定把這些屍體封土堆成兩個大高丘，以此彰明趙國的武功。

　　寧越勸阻道：「這樣做太可惜了，那些屍體可以另有用處。我看不如把屍體還給齊國人。這樣做可以從內部打擊齊國，從而讓齊軍不再侵犯！」

　　「死人又不可能復活，怎麼能從內部打擊齊國呢？」孔青想不通了。

　　寧越說：「戰車鎧甲在戰爭中喪失殆盡，府庫裡的錢財在安葬戰死者時用光了，這就叫做從內部打擊他們。我聽說，古

代善於用兵的人，該堅守時就堅守，該進退時就進退。我軍不如後退三十里，給齊國人一個收屍的機會。」

孔青大致明白了寧越的用意，但轉念一想，又說：「但是，齊國人如果不來收屍的話，那又該怎麼辦呢？」

「那就更好了。」寧越胸有成竹的說，「作戰不能取勝，這是他們的第一條罪狀；率領士兵出國作戰而不能使之歸來，這是他們的第二條罪狀；給他們屍體卻不收取，這是他們的第三條罪狀。老百姓將會因為這三條而怨恨齊國的高官將領。居於高位的人也就無法役使下面的人，而下面的人又不願侍奉居於上位的人，這就叫做雙重打擊齊國！」

「好，還是您技高一籌啊！」孔青終於完全理解了寧越的良苦用心。

果然不出於越所料，齊國因此而元氣大傷，很長一段時間不能對外用兵。

寧越的主張看起來好像並不是那麼咄咄逼人，相反，似乎還有點軟弱，在向齊國讓步，殊不知，這「讓步」裡面卻大有文章，表面上的讓步其實換取的是更大的進步。

　　有進有退，能屈能伸，這是成功的必要條件。那種一往無前、有進無退的人僅僅是村夫莽漢，表面上英勇，實則是成事不足，敗事有餘。

敢於向權威提出質疑的伽利略

　　一五七二年，伽利略開始上學，他是班上最聰明的學生，老師對他很滿意。

　　伽利略多才多藝。他會畫畫、彈琴，非常喜歡數學，他的手也很靈巧，會製造各種各樣的機動玩具。伽利略常在家裡做一些能運轉的小機器，其中有一種能從地上舉起笨重的東西。他把它看成是自己最好的玩具。他本可以成為一個大畫家或者大音樂家。

　　但是，他更愛自然科學。他的心中充滿了各種各樣的疑問。他老是問父親，為什麼煙霧會上升？為什麼水會起波浪？為什麼教堂要造得頂上尖、底層大？晚上，他經常坐在室外觀看星星，心裡充滿了各種奇妙的想法，嘗試著為自己解釋各種事物，

有的問題連他的老師都回答不了。

長大以後，他的疑問就更多了。

十七歲那年，他以優異成績考上了比薩大學醫科系。

有一次上醫學課，講胚胎學的比羅教授照本宣科的說：「母親生男孩還是女孩，是由父親身體的強弱決定的。父親身體強壯，母親生男孩，反之便生女孩。」

「老師，你講得不對，我有疑問！」多疑好問的伽利略又舉手發言了。

比羅教授自覺有失尊嚴，便神色不悅的說：「你提的問題太多了！你是個學生，應該聽老師講，不要胡思亂想。」

「這不是胡思亂想。我的鄰居，男的身體非常強壯，從沒見他生過什麼病，但他老婆一連生了五個女兒，這該怎麼解釋？」伽利略反問道。

「我是根據古希臘著名學者亞里士多德的觀點講的，不會錯！」比羅教授搬出了理論根據。

「難道亞里士多德講的不符合事實，也要硬說他是對的嗎？」伽利略繼續辯解。

比羅教授無以對答，只好怒氣沖沖的威脅說：「上課只能

聽老師講。你再胡鬧下去，我就要處罰你了！」

　　事後，伽利略果然受了學校的訓斥。但他勇於堅持真理，絲毫沒有屈服，並從這時起，開始了對亞里士多德學說的懷疑與探討。

　　他深入鑽研了亞里士多德的著作，常常陷入沉思之中。他想，亞里士多德的許多理論並沒有經過證明，為什麼要把它們看做是絕對真理呢？

　　伽利略少年時代提出的許多個為什麼，後來都由他自己找到了答案。

　　莎士比亞說：「懷疑是大家必須經過的大門口，只有經過這個大門口，才能進入真理的殿堂。」檢驗真理的唯一標準是實踐，而不是權威，因此，不要迷信任何人，任何理論。

從歷史悟人生

最精采

——的——

歷史故事

第二章

輕鬆得體的
與人交往

俞伯牙摔琴謝知音

　　春秋時期，俞伯牙擅長於彈奏琴弦，鍾子期擅長於聽音辨意。

　　有一次，伯牙來到泰山（今武漢市漢陽龜山）北面遊覽時，突然遇到了暴雨，只好滯留在岩石之下，心裡寂寞憂傷，便拿出隨身帶的古琴彈了起來。剛開始，他彈奏了反映連綿大雨的琴曲；接著，他又演奏了山崩似的樂音。

　　恰在此時，在臨近的一叢野菊後的樵夫鍾子期忍不住叫道：「好曲！真是好曲！」

　　原來，在山上砍柴的鍾子期也正在附近躲雨，聽到了伯牙彈琴，不覺心曠神怡，在一旁早已聆聽多時了，聽到高潮時便情不自禁的發出了由衷的讚賞。

　　俞伯牙聽到稱讚，趕緊起身和鍾子期打過招呼，便又繼續

彈了起來。伯牙凝神於高山，賦意在曲調之中，鍾子期在一旁聽後頻頻點頭：「好啊，巍巍峨峨，真像是一座高峻無比的山啊！」

伯牙又沉思於流水，隱情在旋律之外。鍾子期聽後，又在一旁擊掌稱絕：「妙啊，浩浩蕩蕩，就如同江河奔流一樣呀！」

伯牙每奏一支琴曲，鍾子期就能完全聽出它的意旨和情趣，這使得伯牙驚喜異常。

他放下了琴，歎息著說：「好啊！好啊！您的聽音、辨向、明義的功夫實在是太高明了；您所說的跟我心裡想的真是完全一樣，我的琴聲怎能逃過您的耳朵呢？」二人於是結為知音，並約好第二年再相會論琴。

可是，第二年伯牙來會鍾子期時，得知鍾子期不久前已經因病去世。俞伯牙痛惜傷感，難以用語言表達，於是就捧破了自己從不離身的古琴，從此不再撫弦彈奏，以謝平生難得的知音。

　　古人早就發現了知音難覓。俗話說：「畫龍畫虎難畫骨，知人知面不知心」，「人生得一知己足矣……」真誠的友誼最寶貴。人之相知，貴在知心，而不應該追求功利。形式上的「友誼」顯然沒有真正的價值。

商丘開和范子華的門客

　　晉國范某有個名叫子華的人，他在一群門客的擁戴下，成為遠近聞名且受晉王重用的人物，他雖不為官，其影響幾乎比三卿大夫還大。

　　禾生和子伯是范家的上客，他們有一次外出在老農商丘開家借宿，半夜談起子華在京城裡名噪一時的作為。商丘開從窗外聽見後，眼前頓時閃過一線光明，既然范子華能把死的說活，窮的說富，乾脆找他求個吉祥。第二天，他用草袋裝著借來的乾糧，進城去找子華。

　　子華家的門客都是些富家子弟，他們衣著綢緞、舉止輕浮、出門車轎、目空一切。當商丘開這個又黑又瘦、衣冠不整的窮老頭走來時，他們都投以輕蔑的目光，商丘開沒見過大世面，說了聲來找子華就往裡走，沒想到被門客拽住，又推又踢、肆

意侮辱。但他毫無怒容，門客只好帶他去找子華，說明來意後，商丘開被暫時收留下來。可是，門客們仍然使著各種花樣戲弄他，直到招式用盡，興味索然。

有一次，商丘開隨眾人登上一個高台，不知是誰喊道：「如果有人能安然跳下去，就賞他一百斤黃金。」商丘開信以為真，搶先跳下去，他身輕如燕，翩然著地，沒傷著一點身體，門客們認為這是偶然，並不驚奇。

事過不久，有人指著小河深處說：「這水底有珍珠，誰拾到了就歸誰。」商丘開又信以為真了，他潛入水底，果然拾到了珍珠。此後，再也不敢小看他；子華也給了他與別的門客一樣遊樂、吃酒肉和穿綢緞的賞賜。

有一天，范家起了火，子華說：「誰能搶救出錦緞，我將依數重賞。」商丘開毫無難色，在火中鑽出鑽進，安然無恙，范家的門客看傻了眼，連聲謝罪說：「您原來是個神人，就當我們是一群瞎子、聾子和蠢人，請寬恕我們的過去吧！」

商丘開說：「我不是神人，過去我聽說你們本領大，要富貴必須按你們的要求毫不含糊的去做，現在才知道我是在你們的蒙騙下，莽撞的做出那些冒險的事，現在回想起來，真有點

後悔。」

　　說完，商丘開毅然離開了。

　　《孔子家語》中說：「與君子遊，如入芝蘭之室，久而不聞其香，則與之化矣。與小人遊，如入鮑魚之室，久而不聞其臭，亦與之化矣。」涉世不深的青年人，尤應注意謹交友、慎擇友的古訓。

　　清代馮班認為：朋友的影響比老師還大，因為這種影響是氣習相染、潛移默化的，久而久之就不知不覺的受其影響。這就是在交友時要有知人之明，不要錯把壞人當知己，受騙上當，甚至落入壞人的圈套而無法自拔。因此，對朋友不能不仔細的做出選擇。

管寧割席「劃界限」

　　管寧和華歆在年輕的時候，是一對非常要好的朋友。他倆成天形影不離，同桌吃飯、同榻讀書、同床睡覺，相處得很和諧。

　　有一次，他倆一塊兒去勞動，在菜田裡鋤草。兩個人努力幹著活，顧不得停下來休息，一會兒就鋤好了一大片。

　　只見管寧抬起鋤頭，一鋤下去，「噹」一下，碰到了一個硬東西。管寧好生奇怪，將鋤到的一大片泥土翻了過來。黑黝黝的泥土中，有一個黃澄澄的東西閃閃發光。

　　管寧定睛一看，是塊黃金，他就自言自語的說了句：「我還以為是什麼東西呢，原來是錠金子。」接著，他不再理會了，繼續鋤他的草。

　　「什麼？金子！」不遠處的華歆聽到這話，不由得心裡一

動，趕緊丟下鋤頭跑了過來，拾起金塊捧在手裡仔細端詳。

管寧見狀，一邊揮舞著手裡的鋤頭幹活，一邊責備華歆說：「錢財應該是靠自己的辛勤勞動去獲得，一個有道德的人是不可以貪圖不勞而獲的財物的。」

華歆聽了，口裡說：「這個道理我也懂。」手裡卻還捧著金子左看看、右看看，怎麼也捨不得放下。

後來，他實在被管寧的目光盯得受不了了，才不情願的丟下金子回去鋤草。可是他心裡還在惦記金子，工作也沒有先前的努力，還不停的唉聲歎氣。管寧見他這個樣子，不再說什麼，只是默默的搖著頭。

又有一次，他們兩人同坐在一張蓆子上讀書。正看得入神，忽然外面熱鬧起來，一片鼓樂之聲，中間夾雜著鳴鑼開道的吆喝聲和人們看熱鬧吵吵嚷嚷的聲音。於是，管寧和華歆就起身走到窗前去看究竟發生了什麼事。

原來是一位達官顯貴乘車從這裡經過。一大隊隨從佩帶著武器、穿著整齊一致的服裝前呼後擁的保衛著車子，威風凜凜。再看那車飾更是豪華：車身雕刻著精巧美麗的圖案，車上蒙著的車簾是用五彩綢緞製成，四周裝飾著金線，車頂還鑲了一大

123

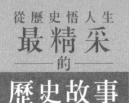

塊翡翠，顯得富貴逼人。

　　管寧對於這些很不以為然，又回到原處捧起書專心致志的讀起書來，對外面的喧鬧聲完全充耳不聞，就好像什麼都沒有發生一樣。

　　華歆卻不是這樣，他完全被這種張揚的聲勢和豪華的排場吸引住了。他嫌在屋裡看不清楚，乾脆連書也不讀了，急急忙忙的跑到街上去跟著人群尾隨車隊細看。

　　管寧目睹了華歆的所作所為，再也抑制不住心中的歎惋和失望。等到華歆回來以後，管寧就拿出刀子當著華歆的面把蓆子從中間割成兩半，痛心而果斷地宣佈：「我們兩人的志向和情趣太不一樣了。從今以後，我們就像這被割開的草蓆一樣，再也不是朋友了。」

　　古人說：「道不同不相謀。」真正的朋友，應該有共同的思想基礎和奮鬥目標。如果缺乏感情的基礎，就無法發展成真正的友誼。所以，及早「劃清界限」才是明智之舉。

皮西厄斯和他誠摯的朋友

　　古希臘，有一個叫皮西厄斯的年輕人，觸犯了暴君奧尼修斯。他被推進了監獄，即將處死。皮西厄斯說：「我只有一個請求，讓我回家鄉一趟，向我摯愛的人一一告別，然後我一定回來伏法。」

　　暴君聽完，笑了起來。「我怎麼能知道你會遵守諾言呢？」他說，「你只是想騙我，想逃命。」

　　這時，一個名叫達芒的年輕人說：「噢，國王！把我關進監獄，代替我的朋友皮西厄斯，讓他回家鄉看看，料理一下事情，向朋友們告別。我知道他一定會回來的，因為他是一個從不失信的人。假如他在您規定的那天沒有回來，我情願替他死。」

　　暴君很驚訝，既然有人這樣自告奮勇。最後他同意讓皮西

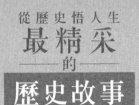

厄斯回家，並下令把達芒關進監牢。

　　光陰流逝。不久，處死皮西厄斯的日期臨近了，他卻還沒有回來。暴君命令獄吏嚴密看守達芒，別讓他逃掉了。但是達芒達並沒有打算逃跑。他始終相信他的朋友是誠實而守信用的。他說：「如果皮西厄斯不準時回來，那也不是他的錯。那一定是因為他身不由己，受了阻礙不能回來。」

　　這一天終於到了，達芒做好了面對死亡的準備。他對朋友的信賴依然堅定不移。他說，為自己深信不移的人去死，他不悲傷。獄吏前來帶他去刑場。就在這時，皮西厄斯出現在門口。暴風雨和船隻遇難讓他耽擱了時間。他一直擔心自己來得太晚。他熱情的向達芒致意，達芒很高興，因為他終於準時回來了。

　　暴君還不算太壞，還能看到別人的美德。他認為，像達芒和皮西厄斯這樣互相關懷、互相信賴的人不應該受不公正的懲罰。於是，就把他倆釋放了。

　　「我願意用我的全部財產，換取這樣一位朋友。」暴君說。

真正的朋友比金錢和權勢更加重要。真正的朋友要在困難時給予幫助，患難的生活中能看出友誼的忠誠！誠摯的友誼在某些時候的確能夠產生「驚天地，泣鬼神」的神奇效果。

荀巨伯義舉感胡人

　　東漢時期，有一位名叫荀巨伯的人，一日得急信，說一位朋友得了重病。朋友遠在千里之外，荀巨伯去看他時，趕了好幾天的路程。

　　可是到了朋友所住的郡地時，卻發現這裡被胡人包圍了。他只得潛入城裡去看望朋友，朋友看到荀巨伯時非常高興，但又憂慮的說：「謝謝你在這個時候還來看望我。現在整個城都已被胡人包圍了，看樣子是守不住了。我是一個快死的人，城破不破，對我來說是無所謂了，但你沒有必要留在這裡，趁現在能想辦法，你趕快走吧！」

　　荀巨伯聽後責備朋友說：「你這是說的什麼話！朋友理應有福同享，有難同當，現在大難臨頭，你卻要我扔下你不管，自己去逃命，我怎麼能做這樣不仁不義的事情呢？」

　　胡人攻破城後，闖進朋友的院落，見到安坐的荀巨伯，大發威風說：「我們大軍所到之處，所向披靡，你是何人，竟敢不望風而逃，難道想阻擋大軍不成？」

　　荀巨伯說：「你們誤會了，我並不是這城裡的人，我到這裡只是來看望一個住在這裡的朋友。現在我的朋友病得很嚴重，危在旦夕，我不能因為你們來，就丟下朋友不管。你們如果要殺的話，就殺我吧！不要殺死我這位已痛苦不堪、與生命拔河的朋友。」胡人聽了這樣的話非常感動，半晌無語。過了好大一會兒，有一位頭領看了看手中的大刀，說道：「看來，我們是一群根本不懂得道義的人了。我們怎麼能在這個崇尚道義的國家裡胡闖亂蕩，為所欲為呢？走吧！」胡人竟因此而收兵，一郡得以保全。

　　且不說荀巨伯對待朋友的義氣感化了胡人，保全了朋友住郡的安危，單就荀巨伯對待朋友的真誠本身而言，就足以令人感動了。像這樣以真誠的言行對待朋友的人，還會有誰不喜歡他，不願意與其結交呢？

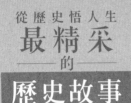

越石父的非凡氣節

　　齊國的相國晏子出使晉國完成公務以後，在返國途中，路過趙國的中牟，遠遠的瞧見有一個人頭戴破氈帽，身穿反皮衣，正從背上卸下一捆柴草，停在路邊歇息。

　　走近一看，晏子覺得此人的神態、氣質、舉止都不像個粗野之人，為什麼會落到如此寒傖的地步呢？

　　於是，晏子讓車伕停止前行，並親自下車詢問：「你是誰？是怎麼到這兒來的？」

　　那人如實相告：「我是齊國的越石父，三年前被賣到趙國的中牟，給人家當奴僕，失去了人身自由。」

　　晏子又問：「那麼，我可以用錢物把你贖出來嗎？」

　　越石父說：「當然可以。」

　　於是，晏子就用自己車左側的一匹馬作代價，贖出了越石

父，並與他一道回到了齊國。

晏子到家以後，沒有跟越石父告別，就一個人下車徑直進屋去了。這件事使越石父十分生氣，他要求與晏子絕交。

晏子百思不得其解，派人出來對越石父說：「我過去與你並不相識，你在趙國當了三年奴僕，是我將你贖了回來，使你重新獲得了自由。應該說我對你已經很不錯了，為什麼你這麼快就要與我絕交呢？」

越石父回答說：「一個有自尊而且有真才實學的人，受到不知底細的人的輕慢，是不必生氣的；可是，他如果得不到知書識理的朋友的平等相待，他必然會憤怒！

任何人都不能自以為對別人有恩，就可以不尊重對方；同樣，任何一個人也不必因受惠而卑躬屈膝，喪失尊嚴。

晏子用自己的財產贖我出來，是他的好意。可是，他在回國的途中，一直沒有給我讓座，我以為這不過是一時的疏忽，沒有計較；現在他到家了，他卻只管自己進屋，竟連招呼也不跟我打一聲，這不說明他依然在把我當奴僕看待嗎？因此，我還是去做我的奴僕好，請晏子再次把我賣了吧！」

晏子聽了越石父的這番話，趕緊出來對越石父施禮道歉。

他誠懇的說：「我在中牟時只是看到了您不俗的外表，現在才真正發現了您非凡的氣節和高貴的內心。請您原諒我的過失，不要棄我而去，好嗎？」

從此，晏子將越石父尊為上賓，以禮相待，漸漸的，兩人成了相知甚深的好朋友。

雖然彼此社會地位的不同，但也不應該成為真正友誼的障礙。在任何境遇中，都要平等待人，注重禮節。幫了別人的忙後，不能自恃有功，傲慢無禮；受人恩惠的人，也不必謙卑過度，喪失尊嚴。

管仲和鮑叔牙

　　春秋時代，齊國著名的宰相管仲，輔佐齊桓公，使齊國成為東方的霸主。管仲有一個從小就在一起的好朋友，叫鮑叔牙。

　　鮑叔牙家比管仲家富有，他們曾經合作做買賣，每次賺了錢，管仲總是多分些，朋友都認為鮑叔牙糊塗，吃了大虧了。

　　「鮑叔牙真糊塗！跟管仲兩個人合作買賣，表面說是合作，其實本錢都是鮑叔牙的；那麼，賺了錢，管仲憑什麼多分呢？至少也應該一人得一半啊！」

　　而鮑叔牙卻回答說：「你們不明白，管仲的家境不好，他有老母親要奉養，多拿一些是應該的。」

　　「這……」鮑叔牙的這番話，說得幾位朋友無話可說。

　　管仲和鮑叔牙也曾經一起上戰場；在打仗的時候，管仲總是躲在最後面，表現得一點都不勇敢，人們都對管仲很不滿。

鮑叔牙知道這件事之後，就對人們說：「管仲不肯拚命的原因，是他的母親年紀大了，只有管仲這麼一個兒子，萬一他有個三長兩短，他的母親就沒人奉養了。」「啊！這……」這一番話，又使那些人無話可說。

後來管仲也曾經做過幾次官，每次都因為表現不好而被免職了，大家都恥笑他。而鮑叔牙知道這事之後，就對人們說：「其實，管仲並不是不能幹，只是運氣不好；這些小事不適合他來做，他的能力很強的，他可以做更大的事情。」

後來，管仲輔佐公子糾又失敗了，而鮑叔牙輔佐的公子小白卻接掌了齊國的政權，公子小白就是齊桓公。齊桓公即位後，立刻請來鮑叔牙，告訴他說：「我們國家全國這麼久的混亂，現在總算安定下來，為了使全國百姓以後能好好過日子，我要請您做宰相，幫助我治理國家。」

想不到，鮑叔牙竟然拒絕了。他對大王說：「感謝大王看重我，要我做宰相。只是，我的能力實在無法擔當這麼重大的責任。」

「您不肯幫助我，我怎麼能治理得好國家呢？」

「大王，我推薦一個人，他才是最適合的宰相人選。」

「誰？」

「管仲！」

「管仲？這個人我恨不得殺了他，您還要我請他做宰相？」

「大王，當時管仲要謀殺您，是為了公子糾的緣故。他輔佐的是公子糾，當然希望公子糾能夠做齊國的國君，而您是公子糾的競爭對手，所以他只好想辦法除掉您，並不是他對您個人有什麼仇恨啊！」

「這……」

「大王您想不想使我們齊國強大起來，成為天下的霸主呢？」

「當然想啊！」

「那麼您一定要忘掉過去不愉快的事，任用管仲；只有他才能夠幫助您達到這個理想。」

「好吧！」於是，齊桓公接受了鮑叔牙的建議，以最隆重的禮儀，請管仲來做宰相。果然，齊桓公在管仲的輔佐下，將齊國治理成富足強大的國家。

後來，管仲曾對人說：「生我，養我的是父母，可是瞭解我，

幫助我的，卻是鮑叔牙呀！」

　　真正的友誼不是表面上的公平和互利，也是不需要花言巧語和金錢來裝飾的。真正的友誼在某種程度上是一種關心，一種理解，一種不遺餘力的支持，一種最大限度的諒解。

李濤看透石敬瑭

　　五代時，後晉王朝的建立者石敬瑭是中國歷史上最沒有德行的皇帝之一。石敬瑭原是後唐王朝的河東節度使，擁重兵鎮守太原。

　　為了過自己的皇帝癮，他公開勾結北方的契丹貴族。依靠契丹的支持，他攻滅了後唐。

　　滅唐後，他把河北和山西北部的大片土地割讓給契丹族，自己跑到河南開封做了晉朝的高祖皇帝。這個對內稱高祖的人，對契丹卻自稱「兒皇帝」，把契丹王稱為「父皇帝」。

　　石敬瑭在位時的窪州駐軍統帥張彥澤，曾為他奪天下出過很大力。張彥澤憑此資格和手中的兵權，在涇州一帶巧取豪奪，肆無忌憚。張彥澤軍中的書記官張式的妻子生得十分美貌，張彥澤為了霸佔人家的妻室，竟然把張式無辜殺死。

　　張式的親屬忍無可忍，就向石敬瑭告了狀。可是，石敬瑭藉口張彥澤軍功巨大，不肯治罪。

　　朝中的刑部郎中李濤聽說這種情況後，義憤難平，立即上書給石敬瑭，表示堅決反對朝廷的這種做法，要求依法懲辦張彥澤。石敬瑭看了李濤的上疏後，很不滿意，特地召見他進行訓教。他當面告訴李濤說：「張彥澤是開國的功臣，如果因為這樣一點小事受到處罰，會冷了功臣們的心。」

　　李濤聽後，立即反駁說：「張彥澤身為軍隊統帥，為了奪人妻室隨意殺害部下官佐，犯軍令，壞國法，毀人倫，為天下所不齒，人人都說該殺，皇上怎麼能說是一點小事呢？」

　　石敬瑭看著李濤慷慨激昂的樣子，不以為然地訓斥說：「真是大驚小怪！」

　　石敬瑭的態度一下子激怒了耿直的李濤。他在朝堂上向前跪行了幾步，用手中的笏板使勁的敲打著殿上的台階說：「張彥澤的罪行引起了多少軍民百姓和朝廷大臣的憤慨，皇上知道嗎？不懲辦張彥澤，我真不知道皇上今後如何取信於天下！」

　　石敬瑭一聽這話，便一本正經的說：「我正要取信於天下的啊！當年起兵時我曾對張彥澤發過誓，將來我得了天下，許

他死罪不死。這你知道嗎？」

李濤見石敬瑭說出這樣的理由來，也就不管他的面子下得來下不來了。他高聲反問道：「皇上要是提起盟誓、守信的話來，我倒是想起了一個人。請問皇上，您當初賜給丹書鐵券的那個范延光，現在在哪裡啊？」

李濤所說的范延光也是和石敬瑭一塊起兵推翻後唐的主要人物，石敬瑭和他有八拜之交，結義之情。石敬瑭做了皇帝後曾賜給他丹書鐵券，要保他永不治罪，世代榮華。

後來，范延光又起兵反對石敬瑭，兵敗被俘後，石敬瑭也不管什麼丹書鐵券，明誓守信那一套，把他滿門抄斬了。

石敬瑭怎麼也沒料到李濤竟然在朝堂上揭起他的短來了，就一甩袖子，轉身離開座位向後宮走去。李濤一見，急中忘情，從台階下邊爬起來緊追下去，邊追邊喊，非要石敬瑭懲辦張彥澤不可。

石敬瑭以為李濤是病了，心裡反而有點害怕，只好點頭應承，表示要懲辦張彥澤。

事後，石敬瑭又耍了花招。他一方面下令把死者張式的父親張鋒、兄弟張守員、兒子張希范都封了官；一方面僅僅宣佈

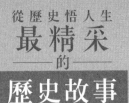

解除張彥澤在涇州的兵權。用這種貌似公平的方法，一方面穩住死者親屬；一方面堵住天下人的嘴，達到他包庇張彥澤的最終目的。

透過這件事，李濤看清了石敬瑭的昏庸本色，決心不再為官，向石敬瑭呈上辭官表，回洛陽老家去了。

古人說：「近朱者赤，近墨者黑。」「鳥隨鸞鳳飛程遠，人伴賢良品德高。」「良禽擇木而棲，良臣擇主而事。」不管選擇朋友還是上司，都不能忽視對方的德行，否則就可能給自己帶來傷害，或為自己未來的發展設置障礙。

藺相如勸阻繆賢

　　藺相如曾是趙國宦官繆賢的一名舍人，繆賢曾因犯法獲罪，打算逃往燕國躲避。藺相如問他：「您為什麼選擇燕國呢？」繆賢說：「我曾跟隨大王在邊境與燕王相會，燕王曾握著我的手，表示願意和我結為朋友。所以我想燕王一定會接納我的。」

　　藺相如勸阻說：「我看未必啊。趙國比燕國強大，您當時又是趙王的紅人，所以燕王才願意和您結交。如今您在趙國獲罪，逃往燕國是為了躲避處罰。燕國懼怕趙國，勢必不敢收留，他甚至會把你抓起來送回趙國的。你不如向趙王負荊請罪，也許有幸獲免。」

　　繆賢覺得有理，就照藺相如所說的辦，向趙王請罪，果然得到了趙王的赦免。

　　繆賢以為燕王是真的想和自己交朋友，他顯然沒有考慮自

己背後的一些隱性因素，比如自己當時的地位、對燕王的有用性，等等。可是現在他成了趙國的罪人，地位已經變了，交朋友的價值也就失去了，他貿然到燕國去，當然很危險了，看來還是藺相如社會經驗豐富，考慮問題也比較周全。

　　世界上的一切事物，都處於不斷的運動、變化和發展之中。我們的人際體系，如果不隨著客觀事物的發展而發展，就會逐步處於落後的、陳舊的甚至僵死的狀態。是不是真正的朋友，風平浪靜的時候也許看不出來，患難的時候自然就感受得出來了。當你地位變了的時候，要重新審視你的朋友。

蘇東坡和秦少游的爭執

　　蘇東坡和秦少游經常在一起談學論道。因為兩個人都年輕氣盛，才華橫溢，所以，在爭論時互不相讓，每次都能爭得面紅耳赤。

　　這天，兩人在一家小飯館吃飯，剛好有一個乞丐從門前經過。這個乞丐蓬頭垢面，身上髒兮兮的，還爬滿了虱子。

　　蘇東坡看到了，就隨口說：「這個人真髒，身上的污垢都生出虱子來了！」

　　秦少游聽了，反駁道：「虱子不是從污垢中長出來的，而是從棉絮中長出來的！」

　　「是污垢裡長出來的！」

　　「是棉絮裡長出來的！」

　　蘇東坡生性好強，秦少游不甘示弱，二人爭來爭去，也沒

個結果。最後，他們約定由佛印禪師來做個評定。

　　禪師見他們到來，知道准又碰到難題了。禪師認真的聽完了二人的敘述，對他們說：「你們先坐下，聽我慢慢的對你們說。」

　　蘇東坡信心十足，秦少游胸有成竹，兩人都以為勝券在握，放心的等待評判的結果。

　　沒想到禪師卻長歎一口氣，說：「可惜呀，你們誰都沒有說對。虱子的頭是從污垢中生出來的，而腳卻是從棉絮中生出來的。」

　　戴爾·卡內基指出：「普天之下，只有一個辦法可以從爭論中獲得好處──那就是避免它。避開它！像避響尾蛇一般。十有九次，爭論的結果總使爭執的雙方更堅信自己絕對正確。不必要的爭論，不僅會使你喪失朋友，還會浪費你大量的時間。」在與人交往的時候，最好多用些心思去尋找共同點。

曾國藩傳授的祕訣

　　左宗棠原本是一個默默無聞的人，四十歲前猶在私塾教書，辦團練時，受到了曾國藩的賞識，在咸豐十一年，曾國藩力保左宗棠當督浙江軍務。可是，左宗棠有恃才傲物的特性，常表現出與曾國藩過不去，人稱其「恩將仇報」。尤其是在「幼天王事件」中，二人以致反目，彼此不通書信。待左宗棠任陝甘總督出征西北時，曾國藩並沒有藉機報復，而是不遺餘力的為其籌餉。

　　曾國藩一生深悟宋明理學的「居敬」之理，並且躬身實踐。用主敬謙恕來處理學業、為人、處世。

　　一次，浙江德清才子俞樾問曾國藩：「十年前，恩師只是一個以文名滿天下的侍郎，這十年間，恩師創建湘軍，迭復名城，門生不知，天下士人亦不知，恩師何以能建如此赫赫武

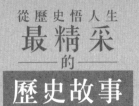

功？」

「我告訴你，我有一個祕訣，今天傳授給你，你千萬莫輕授別人。」曾國藩微笑著講了下面的故事：

有一家人，家中的老翁請來了一位貴客，並要把他留在家中吃午飯。一大早，老翁就吩咐自己的兒子前去集市上準備蔬菜果品。但是，時間已經過巳了，他的兒子卻仍未回來。

老翁心裡很著急，就親自到窗口去眺望，看到在離家不遠的地方，他的兒子挑著菜擔，在一條橋上與一個挑京貨擔子的人面對面站著，彼此都不肯相讓，就在那兒都站著不動。

老翁趕上前去，好言相勸道：「老哥，我家中有客人，正等著這些東西做餐，請你往水田裡讓一讓，讓他過來，你老哥也就可以過去，這豈不是對兩個人都方便嗎？」

那個人說：「你讓我下水，他怎麼不下呢？」

老翁說：「他個子矮，下到水田裡怕擔子裡的東西被水浸壞了；你老哥個子比他高，下到水田裡不至於碰到水。正因為這個原因，所以請你讓一下。」

那個人說：「你的擔子裡不過是些蔬菜果品，即使浸濕了，將就著還可以吃；我的擔子裡挑著的可都是京廣貴貨，萬一沾

了水，就一錢不值了。我的擔子比你的貴重，怎麼能讓我讓道呢？」

老翁看到無法說服他，便挺身過去說：「來，來！那麼這麼辦吧，讓我老頭兒下到水田裡，你把貨擔子交給我，我把它頂在頭上，讓你空著身子從我兒子身旁過去，我再把貨擔子交給你，怎麼樣？」說完立即脫下鞋襪。

那個人見老翁這麼做，心裡過意不去，說：「既然老丈這麼費事，我就下到水田裡，讓你把擔子挑過去。」說完立即下到水田裡讓路。他就只這麼讓了一讓，就化解了一場爭執。

歷來人們聽這段故事的時候，往往都注重「讓了一讓」，其實，這裡面不但包含了「讓」、「拙」，也有「敬」、「恕」的意思，經路窄處退一步，讓與人行，就往往能夠化解矛盾和爭執。

人和人之間的關係衝突起因，多半是利害關係。如果對利慾看得淡些，對自己要求更嚴些，培養敬恕的品性，對人更寬容豁達些，生活中就會減少很多煩惱。

富弼坦然面對當眾羞辱

　　富弼是北宋仁宗時的宰相，字彥同。因為大度，上至仁宗，下至文武官員都稱他品行優良。

　　富弼年輕的時候，因聰明伶俐，巧舌如簧，常常在無意之間得罪一些人，事後，他自己也深為不安。經過長時期的自省，他的性格逐漸變得寬厚謙和。所以當有人告訴他某某在說你的壞話時，他總是笑著回答：「你聽錯了吧，他怎麼會隨便說我呢？」

　　一次，一個窮秀才想當眾羞辱富弼，便在街心攔住他道：「聽說你博學多識，我想請教你一個問題。」

　　富弼知道來者不善，但也不能不理會，只好答應了。

　　眾人見富才子被人攔在街上，都湧過來看熱鬧。

　　秀才問富弼：「請問，欲正其心必先誠其意，所謂誠意即

毋自欺也，是即為是，非即為非。如果有人罵你，你會怎樣？」富弼想了想，答道：「我會裝作沒有聽見。」秀才哈哈笑道：「竟然有人說你熟讀四書，通曉五經，原來純屬虛妄，富彥同不過如此啊！」說完，大笑而去。

富弼的僕人埋怨主人道：「您真是難以理解，這麼簡單的問題我都可以對上，怎麼您卻裝作不知呢？」

富弼說道：「此人乃輕狂之士，若與他以理辯論，必會言辭激烈，氣氛緊張，無論誰把誰駁得啞口無言，都是口服心不服。書生心胸狹窄，必會記仇，這是徒勞無益的事，又何必爭呢？」

僕人卻始終不理解自己的主人為何如此膽小怕事。

幾天後，那秀才在街上又遇見了富弼。富弼主動上前打招呼。秀才不理，轉頭而去；走了不遠，又回頭看著富弼大聲譏諷道：「富彥同乃一烏龜耳！」

有人告訴富弼那個秀才在罵他。

「是罵別人吧！」

「他指名道姓罵你，怎麼會是罵別人呢？」

「天下難道就沒有同名同姓之人嗎？」

　　他邊說邊走，絲毫不理會秀才的辱罵。秀才見無趣，低著頭走開了。

　　要在為人處世中減少別人對自己的傷害，就必須學會忍耐。忍耐是我們人生過程中任何人都要經歷的最困難的一件事。一旦你忍耐的功夫練得爐火純青，就能取得以柔克剛的效果。

力主變法的商鞅

　　商鞅是以力主變法而聞名於史的，可是變法並不是他原來的主張。當他來到秦國時，秦孝公正野心勃勃的想重振祖先的霸業，收復失去的國土，商鞅透過孝公的寵臣景監的引見，拜謁了孝公。

　　一見面，他就向孝公大談起傳說中的堯、舜這些帝王如何與百姓同甘共苦，並且身體力行，以自己的行動感化百姓，從而達到天下大治這一套所謂的「帝道」。結果說得秦孝公直打瞌睡，一句也沒聽進去。

　　事後，秦孝公責備景監說：「你的那個客人，只會說一些大話來欺人，不值得一用。」景監埋怨商鞅。商鞅說：「我向國君進獻了帝道，可他卻不能領會。」

　　五天之後，商鞅又一次去見秦孝公，將原來所談的那一套

加以修正，但還是不符合秦孝公的心意。景監又一次受到了孝公的指責，他對商鞅的怨氣更大了。商鞅說：「我向國君推薦了夏、商、周三代的治國之道，他還是接受不了，我希望國君能再一次接見我。」

商鞅又一次去見孝公，這一次談得比較投機，但也沒表示要任用他，只是對景監說：「你的這個客人還可以，我能和他談得來！」

商鞅向景監匯報說：「我與國君談了春秋五霸以武力強國的道理，國君有要用我的意思了，如果能再見我一次，我就知道該怎麼去說服國君了！」當商鞅再一次向國君進言時，秦孝公聽得入了迷，不由得一次又一次將坐席向前移，一連說了好幾天也沒有聽夠。

得知這一情況的景監很奇怪，他問商鞅：「你說了些什麼打動了國君，令他十分高興？」商鞅說：「我向國君進獻帝道、王道，國君說那些事太久遠了，他等不及；我向國君進獻強國之術，國君就特別高興。」就這樣，商鞅被秦孝公所重用，他便大行變法，使秦國很快富強起來。

在與人交往，尤其是想說服別人的時候，一定要盡力站在對方立場上考慮問題，努力調整自我，盡量消除彼此之間的差異，以適應對方。只要你善於為對方考慮，往往一切問題都會自然迎刃而解。

畢秋帆和老和尚

　　清代有名的經學家、史學家兼文學家畢沅是江蘇鎮洋人，與司馬光的《資治通鑑》可以相媲美的《續資治通鑑》就是他編纂的。

　　乾隆三十八年，畢秋帆任陝西巡撫，赴任的時候，經過一座古廟，畢秋帆進廟內休息。一個名和尚坐在佛堂上唸經，有人告知巡撫畢大人來了，這個毛和尚既不起身，也不開口，只顧唸經。畢秋帆當時只有四十出頭，英年得志，自己又中過狀元，名滿天下，見老和尚這樣傲慢，心裡很不高興。

　　老和尚念完一卷經之後，離座起身，合掌施禮，說道：「老衲適才佛事未畢，有疏接待，望大人恕罪。」

　　畢秋帆說：「佛家有三寶，老法師為三寶之一，何言疏慢？」

隨即，畢秋帆上坐，老和尚側坐相陪。

交談中，畢秋帆問：「老法師誦的何經？」

老和尚說：「《法華經》。」

畢秋帆說：「老法師一心向佛，摒除俗務，誦經不輟，這部《法華經》想來應該爛熟如泥，不知其中有多少『阿彌陀佛』？」

老和尚聽了，知道畢秋帆心中不滿，有意出這道題為難他，他不慌不忙，從容的答道：「老朽資質魯鈍，隨誦隨忘。大人文曲星下凡，屢考屢中，一部《四書》想來也應該爛熟如泥，不知其中有多少『子曰』？」畢秋帆聽了不覺大笑，對老和尚的回答極為讚賞。

獻茶之後，老和尚陪畢秋帆觀賞菩薩殿宇，來到一尊歡喜佛的佛像前，畢秋帆指著歡喜佛的大肚子對老和尚說：「你知道他這個大肚子裡裝的是什麼嗎？」

老和尚馬上回答：「滿腹經綸，人間樂事。」

畢秋帆不由連聲稱好，因而問他：「老法師如此捷才，取功名容易得很，為什麼要拋卻紅塵，皈依三寶？」

老和尚回答說：「富貴如過眼煙雲，怎麼比得上西方一片

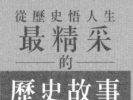
淨土！」

兩人又一同來到羅漢殿，殿中十八尊羅漢有著各種表情，各種姿態，栩栩如生。畢秋帆指著一尊笑羅漢問老和尚：「他笑什麼呢？」

老和尚回答說：「他笑天下可笑之人。」

畢秋帆一頓，又問：「天下哪些人可笑呢？」

老和尚說：「恃才傲物的人，可笑；貪戀富貴的人，可笑；倚勢凌人的人，可笑；鑽營求寵的人，可笑；阿諛逢迎的人，可笑；不學無術的人，可笑；自作聰明的人，可笑……」

畢秋帆越聽越不是滋味，連忙打斷他的話，說道：「老法師妙語連珠，針砭俗子，下官領教了。」說完深深一揖，便帶領僕從離寺而去。

從此，畢秋帆再也不敢小看別人了。

人是最要面子的，但是，很多人常常忽略了別人也需要面子。與人交往的時候，我們最容易犯的錯誤就是過度表現，言談不慎，使朋友的自尊心受到挫傷。也許你與朋友之間無話不

談，十分投機。

　　也許你的才學、相貌、家庭、前途等等令人羨慕，高出你朋友一籌，因而使你不分場合，尤其與朋友在一起時，會大露鋒芒，表現自己，言談之中不由自主的流露出一種優越感，這樣會使朋友感到你在居高臨下對他說話，在有意炫耀抬高自己，使他的自尊心受到挫傷，因此產生敬而遠之的意念。

　　所以，在與朋友交往時，要控制情緒，保持理智平衡，態度謙遜，虛懷若谷，把自己放在與人平等的地位，隨時注意時時想到對方的存在。

「三碗茶」成就的一代名將

　　日本歷史上的名將石田三成，未成名之前在觀音寺謀生。有一天，幕府將軍豐臣秀吉口渴到寺中求茶，石田熱情的接待了他。在倒茶時，石田奉上的第一杯茶是大碗的溫茶；第二杯是一中碗稍熱的茶；當豐臣秀吉要第三杯時，他卻奉上一小碗熱茶。

　　豐臣秀吉不解其意，石田解釋說：這第一杯大碗溫茶是為解渴的，所以溫度要適當，量也要大；第二杯用中碗的熱茶，是因為已經喝了一大碗不會太渴了，稍帶有品茗之意，所以溫度要稍熱，量也要小些；第三杯，則不為解渴，純粹是為了品茗，所以要奉上小碗的熱茶。

　　豐臣被石田的體貼入微深深打動，於是將其選在自己幕

158

下，使得石田成為一代名將。

　　並不是一定要捨己為人才能贏得真正的友誼。在與人交往的時候，你不一定要付出很多。實際上，從細小處為別人著想，無微不至的關心和對待別人，是最能贏得人心的。

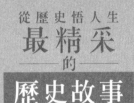

孟嘗君和門客

　　孟嘗君當了齊國的相國後，他門下的食客就更多了。他把門客分為幾等：頭等的門客出去有車馬，一般的門客吃的有魚肉，至於下等的門客，就只能吃粗菜淡飯了。

　　有個名叫馮驩（一作馮諼）的老頭子，窮苦得活不下去，投到孟嘗君門下來作食客。孟嘗君問管事的：「這個人有什麼本領？」

　　管事的回答說：「他說沒有什麼本領。」

　　孟嘗君笑著說：「把他留下吧。」

　　管事的懂得孟嘗君的意思，就把馮驩當作下等門客對待。過了幾天，馮驩靠著柱子敲敲他的劍哼起歌來：「長劍呀，咱們回去吧，吃飯沒有魚呀！」

　　管事的報告孟嘗君，孟嘗君說：「給他魚吃，照一般門客

的伙食辦吧！」

　　又過了五天，馮驩又敲打他的劍唱起來：「長劍呀，咱們回去吧，出門沒有車呀！」

　　孟嘗君聽到這個情況，又跟管事的說：「給他備車，照上等門客一樣對待。」

　　又過了五天，孟嘗君又問管事的，那位馮先生還有什麼意見。管事的回答說：「他又在唱歌了，說什麼沒有錢養家呢。」

　　孟嘗君問了一下，知道馮驩家裡有個老娘，就派人給他老娘送了些吃的穿的。這樣一來，馮驩果然不再唱歌了。

　　孟嘗君養了這麼多的門客，管吃管住，光靠他的俸祿是遠遠不夠花的。他就在自己的封地薛城（今山東滕縣東南）向老百姓放債收利息，來維持他家的巨大的耗費。

　　有一天，孟嘗君派馮驩到薛城去收債。

　　馮驩臨走的時候，向孟嘗君告別，問：「回來的時候，要買點什麼東西來？」

　　孟嘗君說：「你看著辦吧，看我家缺什麼就買什麼。」

　　馮驩到了薛城，把欠債的百姓都召集攏來，叫他們把債券拿出來核對。

　　老百姓正在發愁還不出這些債時，馮驩卻當眾假傳孟嘗君的決定：還不出債的，一概免了。

　　老百姓聽了將信將疑，馮驩乾脆點起一把火，把債券燒掉。

　　馮驩趕回臨淄，把收債的情況原原本本告訴孟嘗君。孟嘗君聽了十分生氣：「你把債券都燒了，我這裡三千人吃什麼！」

　　馮驩不慌不忙的說：「我臨走的時候您不是說過，這兒缺什麼就買什麼嗎？我覺得您這兒別的不缺，缺的是老百姓的情義，所以我把『情義』買回來了。」

　　孟嘗君很不高興的說：「算了吧！」

　　後來，孟嘗君的聲望越來越大。秦昭襄王聽到齊國重用孟嘗君，很擔心，暗中打發人到齊國去散播謠言，說孟嘗君收買民心，眼看就要當上齊王了。

　　齊王聽信這些話，認為孟嘗君名聲太大，威脅他的地位，決定收回孟嘗君的相印。孟嘗君被革了職，只好回到他的封地薛城去。

　　這時候，三千多門客大都散了，只有馮驩跟著他，替他駕車上薛城。當他的車馬離開薛城還差一百里的時候，只見薛城的百姓，扶老攜幼，都來迎接。

孟嘗君看到這番情景，十分感觸。對馮驩說：「你過去給我買的『情義』，我今天才看到了。」

「你希望別人怎麼待你，你就怎麼待別人」是一則「黃金定律」。但是，更有人提出了「白金法則」，它是在本著尊重「黃金定律」的主旨的原則下，對這一古老的信條進行修正。

對於現代人來說，要使自己與別人融洽相處的關鍵，和有助於改善人際關係的訣竅就在於遵循「白金法則」：「別人希望你怎麼對待他們，你就怎麼對待他們。」

簡單的說，就是學會真正瞭解別人，然後以他們認為最好的方式對待他們，而不是我們中意的方式。這一點還意味著要善於花些時間去觀察和分析我們身邊的人，然後調整我們自己的行為，以便讓他們覺得更稱心和自在。

它還意味著要運用我們的知識和才能，去使別人過得輕鬆、舒暢，這才是「黃金定律」的精髓所在。

陳策和買騾的官人

南宋時的一天，陳策去集市上買回了一匹騾子。這騾子長得十分精壯，毛色發亮，走起路來四隻蹄兒像翻花。喜得陳策連聲說：「好騾好騾。」

第一次用這騾子，是要從西域的恆順運一些絲綢到他的鋪子。夥計將鞍放上騾子的背，想不到騾子突然暴怒起來，上躥下跳，連鞍都摔在地上，把幾個夥計嚇了一跳。這騾怎麼啦？夥計把騾捉住，又試了幾次。只要鞍一上騾背，它就發怒一般暴躁蹦跳。

「這是一匹傷鞍的騾，老主人養成的。」陳策說。

「騾子不能負重，就是廢物。」鄰居說，「還把他送還原來的主人，或者賣掉吧！」

可陳策這個人不忍心這樣做。受了欺騙，他就這樣認了。

他叫夥計把騾子關到城外閒置的老屋子裡，每天供給它一些簡單的草料。他說：「就等它慢慢的老死吧。對畜生這樣狠的主人，就是畜生！」他對騾子的前主人依然耿耿於懷。

他的兒子對父親的做法很有些想法，他還是想把騾子賣掉。但這個念頭他不敢跟父親說，他有點怕父親，所以，後來做的事他都是瞞著父親做的。

他找到平時比較熟的一個馬販子，說：「你想辦法把我這頭騾子賣了，我多給你仲介費。」

馬販子說：「誰都知道你父親的脾氣，他會罵我們的。你父親知道了，會氣得冒煙的。」

「沒事，一切後果我負責！」

機會終於來了。有一個路過南城的官人的馬死了，便來到騾馬市場，想再買一匹。

馬販子瞄見了他，上前說：「有一匹上好的騾子，因為負重時受了點傷，把背磨破了，主人要趕生意，急著就把它賣了，你要不要看看？」

官人就隨他過去，看到這匹十分精壯、毛色發亮的騾子，連聲誇道：「好騾好騾。」

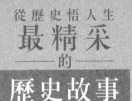

馬販子說：「就是背上有些傷，稍加療養就好了。」

騾子的背上有一些新鮮的擦傷。是陳策的兒子和馬販子磨出來的。脫毛，破皮，見血。

官人和當時的陳策一樣，毫不猶豫就買下了。他說：「我的日程寬裕，暫時不用它，只與我隨行即可。」

陳策還是知道了這件事——可當時已經晚了，那官人早已離開了南城五天了。

陳策騎上馬，沿官道追。曉行夜宿，沿路打問。他花了兩天時間，趕上了那匹騾子。那騾子見了他，不走了，挨挨蹭蹭要靠近他，就像想說什麼又說不出來，只知道站著不走。

陳策向官人行禮，說：「這是一匹傷鞍的騾子，不能負重。」

官人疑心他捨不得這匹騾子，要反悔，就說：「傷鞍的騾子我也要。」

陳策解下自己的馬鞍，遞給官人，說：「不信，你試試。」

官人說：「我不試。」

陳策歎一口氣：「我以誠待你，你卻疑我欺詐，既然如此，我在家等你。」說完，策馬回家了。

不久，官人返回了南城。他找到了陳策，說：「我來並不

是為了討回銀兩，而是為了謝罪而來。你待我以至誠，竟受我小疑。哎，慚愧呀！」

　　當別人欺騙或辜負了你的時候，當別人對你不公正的時候，當你受到別人的傷害的時候，千萬不要採取報復的手段。抱持正確的原則，用善良、正直的心去對待別人，去與人交往，才能真正贏得別人的心。

孔子和他的弟子

　　春秋時候的季孫氏，當了魯國的宰相，孔子的弟子子路擔任季孫氏的封地郈邑的長官。按照慣例，魯國在五月份要徵集百姓開鑿長溝，進行水利建設。

　　子路看到民工挖溝辛苦，且出門在外，吃飯不便，就拿自家的糧食熬成稀粥，擺在道邊，邀請他們來吃。

　　事情很快傳到孔子耳裡，孔子就派另一個弟子子貢來找子路，把稀粥都倒掉，把盛飯的器具全部砸毀，並讓人轉告子路：「老百姓都是魯君的百姓，你為什麼要拿飯給他們吃？」

　　子路得到消息，勃然大怒。他捋起袖子，一路疾跑，直闖進孔子的書房，強壓怒火，問道：「請教先生，我施行仁義，難道錯了嗎？」

　　不等孔子回答，子路連珠炮似的把一肚子的不滿都倒了出

來：「我跟隨先生多年，從先生這裡學到的，無非『仁義』二字而已。所謂仁義，就是：有了財富，和天下人共同使用；有了好處，和天下人共同分享。現在，我拿自己家裡的糧食分給挖溝的民工吃，而先生卻派人阻止，究竟是怎麼回事？」孔子歎了口氣，說：「子路啊子路，你怎麼這麼粗野呢？」子路一聽，臉紅了，慢慢的把袖子放下來，火氣也漸漸平息下來，但還是滿臉的不服氣。

「這個道理，我本來以為你已經懂得的，可你居然還遠未懂得。是不是你本來就像這樣不懂禮呢？」

孔子接著說，「你拿飯給民工吃，這是愛他們。按禮的規定，天子愛普天下的人，諸侯愛本國的人，大夫愛他的職務所管轄的人，士愛他的家人。所愛超出了禮所規定的範圍，那就是『越禮』。現在，民工都是魯君的百姓，而你擅自去愛他們，這就是你『越禮』了，不也太糊塗了嗎？」

孔子的話還沒說完，季孫氏已經派使者來指責他了：「我徵集民工，讓他們工作；先生卻讓弟子叫他們停止工作，拿飯給他們吃。先生難道打算爭奪我的百姓嗎？」

孔子對子路說：「你看，我說得有道理吧！」他只好帶著

弟子們乘車離開了魯國。

　　聖人認為，所愛超出了禮所規定的範圍，那就是「越禮」。做每一件事的時候，都盡量考慮到別人的感受和可能的反應。即使做好事，也要注意把握好分寸，不張揚，不炫耀，不搶風頭，言行謹慎，踏實穩妥的去做。

第一次世界大戰中的奇聞

第一次世界大戰中，英德宣戰後，雙方均下令把部分民用船隻改成軍艦，英國二萬噸級的豪華客輪卡門尼亞號被改裝為巡洋艦，德國的特拉法加號客輪被改裝成武裝巡洋艦。

德國艦長為了迷惑對方，心生一計，決定把改裝後的巡洋艦偽裝成一艘英國客輪。他們正好掌握了英國卡門尼亞號客輪的清晰照片，便按其外形進行改裝，於是，德國的特拉法加號搖身一變，成了英國的卡尼亞號了。

巧合的是，英國的艦長出於同樣的道理，也決定把自己的巡洋艦偽裝成德國的客輪，恰好又選中了特拉法加號，改裝完成後便被英國海軍部派遣，前往南大西洋。

一九一四年九月十四日上午十一時，德國艦長發現了「特

拉法加號」客輪向自己靠近,感到迷惑不解,因來船輪廓酷似自己原來的模樣,他想或許是屬於同一輪船公司的姐妹船吧,便隨即命令信號員指示對方表明身分。

這時,英國艦長因同樣的原因也猜想對方是自己的姐妹客輪怕引起誤會,即命懸掛標誌表明英艦身分。德國艦長看出有詐,馬上全速向它衝去,英國艦長見來者不善,先發制人,向對方開火,交戰後,雙方仍不明白對方的真面目,直到德國艦長及其他生還者遇救抵達布宜諾斯艾利斯後,其真相才大白天下。

俗話說:「兵不厭詐」,在戰爭的時候是這樣,在為人處世方面也是這樣。在你試圖欺騙別人的時候,要想到,別人也可能採取同樣的方法來對付你。

蘇東坡從王安石那裡學到的教訓

　　北宋文學家蘇東坡，天資高妙，過目成誦，出口成章，被譽為：「有李太白之風流，勝曹子建之敏捷。」蘇東坡官拜翰林學士，在宰相王安石門下做事。王安石很器重他的才能。然而蘇軾自恃聰明，常多譏誚的言辭。

　　一次王安石與他作解字遊戲，論及坡字，坡字從「土」從「皮」，於是王安石認為「坡乃土之皮」。蘇東坡笑道：「如相公所言，滑字就是水之骨了。」王安石心中不悅。

　　又一次，王安石與蘇東坡談及鯢字，鯢字從「魚」從「兒」，合起來便是魚的兒子的意思。蘇東坡又調侃說：「鳩可作九鳥解，毛詩上說：『鳴鳩在桑，其子七兮。』就是說鳩有七個孩子，加上父母兩個，不就是九隻鳥嗎。」王安石聽了不再發話，

但心中對蘇東坡的輕薄非常反感。不久就把他貶為湖州刺史。蘇東坡因言詞巧詐而被貶，實為遺憾。

蘇東坡在湖州做了三年官，任滿回京。想當年因得罪王安石，落得被貶的結局，這次回來應投門拜見才是。於是，便往宰相府來。此時，王安石正在午睡，書僮便將蘇軾迎入東書房等候。

蘇軾閒坐無事，見硯下有一方素箋，原來是王安石兩句未完詩稿，題是詠菊。

蘇東坡不由笑道：「想當年我在京為官時，他寫出數千言，也不假思索。三年後，正是江郎才盡，起了兩句頭便續不下去了。」把這兩句念了一遍，不由叫道：「呀，原來連這兩句詩都是不通的。」詩是這樣寫的：「西風昨夜過園林，吹落黃花滿地金。」

在蘇東坡看來，西風盛行於秋，而菊花在深秋盛開，最能耐久，隨你焦乾枯爛，卻不會落瓣。一念及此，蘇東坡按捺不住，依韻添了兩句：「秋花不比春花落，說與詩人仔細吟。」待寫下後，又想如此搶白宰相，只怕又會惹來麻煩，若把詩稿撕了，不成體統，左思右想，都覺不妥，便將詩稿放回原處，

告辭回去了。

第二天，皇上降詔，貶蘇軾為黃州團練副使。

蘇東坡在黃州任職將將近一年，轉眼便已深秋，這幾日忽然起了大風，風息之後，後園菊花棚下，滿地鋪金，枝上全無一朵。東坡一時目瞪口呆，半晌無語。此時方知黃州菊花果然落瓣！不由對友人道：「小弟被貶，只以為宰相是公報私仇。誰知是我的錯了。切記啊，不可輕易譏笑人，正所謂不經一事，不長一智呀。」

蘇東坡心中含愧，便想找個機會向王安石賠罪。想起臨出京時，王安石曾托自己取三峽中峽之水用來沖陽羨茶，由於心中一直不服氣，早把取水一事拋在腦後。現在便想趁冬至節送賀表到京的機會，帶著中峽水給宰相賠罪。

此時已近冬至，蘇轉告了假，帶著因病返鄉的夫人經四川出發了。在夔州與夫人分手後，蘇軾獨自順江而下，想不到因連日鞍馬勞頓，竟睡著了，等到醒來，已是下峽，再回船取中峽水又怕誤了上京時辰，聽當地老人道：「三峽相連，並無阻隔。一般樣水，難分好歹。」便裝了一瓷壇下峽水，帶著上京去了。

蘇東坡來先到相府拜見宰相。王安石命門官帶蘇軾到東書

房。蘇軾想到去年在此改詩，心下愧然。又見柱上所貼詩稿，更是羞慚，倒頭便跪下謝罪。

王安石原諒蘇軾以前沒見過菊花落瓣。待蘇軾獻上瓷壇，童兒取水煮了陽羨茶。王安石問水是從哪裡取的，蘇東坡說：「巫峽。」王安石笑道：「又來欺瞞我了，這明明是下峽之水，怎麼冒充中峽的呢。」

蘇東坡大驚，急忙辯解道誤聽當地人言，三峽相連，一般江水，但不知宰相是怎麼辨別出來的。

王安石語重心長的說道：「讀書人不可輕舉妄動，定要細心察理，我若不是到過黃州，親見菊花落瓣，怎敢在詩中亂道？三峽水性之說，出於《水經補注》，上峽水太急，下峽水太緩，惟中峽緩急相伴，如果用來沖陽羨茶，則上峽味濃，下峽味淡，中峽濃淡之間，今見茶色半天才現，所以知道是下峽的水。」

蘇東坡敬服，王安石又把書櫥都打開，對蘇東坡說：「你只管從這二十四廚中取書一冊，念上文一句，我答不上下句，就算我是無學之輩。」蘇東坡專揀那些積灰較多，顯然久不觀看的書來考王安石，誰知王安石竟對答如流。蘇東坡不禁折服：「老太師學問淵深，非我晚輩淺學可及！」

蘇東坡乃一代文豪，詩詞歌賦，都有佳作傳世，只因恃才傲物，口出妄言，竟三次被王安石所屈，從此再也不敢輕易譏誚他人。

一個人讀不盡天下的書，參不盡天下的理。在與人交往的時候，要抱持認真、謙虛的態度，謹言慎行，謙虛好學。不可耍小聰明，投機取巧，更不能恃才傲物。

子產諷諫晉平公

春秋時，子產輔佐鄭簡公到晉國去，晉平公因為有別的事情，沒有接見他們。子產派人把賓館的圍牆全部拆毀，把自己的車馬放進去。

晉國大夫士文伯聽說了，大吃一驚，責備子產說：「敝國是諸侯的盟主，修建館舍圍牆，是用來接待賓客的。如果把圍牆都拆了，怎麼能滿足賓客的要求呢？我們國君派我來問你們拆牆的理由。」

子產回答說：「敝國國土狹小，處在大國的中間，大國責求我們交納貢物沒有一定時候，所以我們不敢安居度日，只有搜尋敝國的全部財物，以便隨時前來朝見貴國。碰上您沒有空，沒能見到，又沒有得到命令，不知道朝見的日期。我們不敢進獻財物，又不敢把它們存放在露天。要是進獻，那就成了貴國

君王府庫中的財物，可是不經過進獻的儀式，是不敢進獻的。如果把禮物放在露天裡，又怕日曬雨淋而腐爛生蟲，加重敝國的罪過。所以把牆拆了，放到裡面來。」

接著子產又侃侃而談：「我聽說文公從前做盟主時，宮室低小，沒有門網和台榭，卻把接待賓客的館舍修得十分高大，賓館像國君的寢宮一樣。

倉庫和斗棚也修得很好，司空按時平整道路，泥水工匠按時粉刷館舍房間；諸侯的賓客來到，命人點起庭院中的火把，僕人巡視客舍，存放車馬有地方，賓客的隨從有代勞的人員，管理車輛的官員給車軸加油，打掃房間的，伺養牲口的，各自照看自己分內的事，各部門的屬官要檢查招待賓客的物品；文公從不讓賓客們多等，也沒有被延誤了的事。

與賓客同憂共樂，出了事隨即巡查，有不懂的地方就指教，有需要的就加以接濟。賓客到來就好像回到家裡一樣，哪裡會有災患啊！

既不怕有人搶劫偷盜，也不用擔心乾燥潮濕。現在晉侯的別宮方圓數里，卻讓諸侯賓客住在像奴僕住的房子裡，車輛進不了大門，又不能翻牆而入；盜賊公然橫行，天災難防。接見

賓客沒有定時，召見命令也不知何時發佈。如果還不拆毀圍牆，就沒有地方存放禮品，我們的罪過就要加重。

斗膽請教您，您對我們有什麼指示？雖然貴君遇上魯國喪事，但這也是敝國的憂傷啊。如果能讓我們及早獻上禮物，我們會把圍牆修好了再走，這是貴君的恩惠，我們哪敢害怕辛勞？」

聽了士文伯的匯報，晉平公以隆重的禮節接見了鄭簡公，宴會和禮品也格外優厚。鄭簡公回國後，晉國接著建造了接待諸侯的賓館。

晉國是個大國，一方霸主。國君不出來接見客人，是在擺架子。鄭國是個小國，夾在大國當中受氣，此行是去進獻貢物，是去「朝聖」，表示對盟主的恭敬和孝順。而子產卻不這麼認為，他要爭取平等的待遇，他想的是：你想捉弄我、擺架子？哼，我就不吃你這一套！

於是，就動怒拆毀了該國客舍的圍牆，還以巧妙動聽的言辭，說得對方連賠不是，不僅國君出來接見，而且還禮遇有加，滿意且滿載而歸，子產的膽略、魄力和謀略實在令人欽服。

在生活中，我們都難免會遇到傲慢的人。對過於傲慢的人，可以適當反擊。有些人身有傲骨，有傲氣，舉止無禮，出言不遜。和這種人打交道，使人如坐針氈，但你又不得不承認他的存在，非和他接觸不可，這時，就要設法用智謀挫傷他的狂妄。

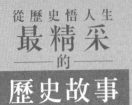

面對荒淫的滕王

　　唐代的滕王極其荒淫，曾立誓要睡遍眾官的美妻。他常以妃子呼喚為名，把人家的美妻騙到宮裡，就立即進行強姦。這樣，他看中哪個女子，哪個女子就沒有不被其姦污的。

　　當時典籤崔簡的妻子鄭氏剛到這裡，滕王聞訊，就派來呼喚。崔簡十分煩惱，如果讓妻子前往宮中，那妻子就要被糟蹋了；如果不讓妻子去，那麼，滕王降罪下來，豈非家破人亡？正在左右為難之際，鄭氏對崔簡說：「丈夫請放心，我決不會讓滕王得手。」

　　鄭氏跟著來人走進王府中門外的小閣，正在閣內等候的滕王看見崔簡的美妻進來，就撲過去要下手。鄭氏心中早有準備，大聲呼叫左右的人道：「大家快來呀，大王怎麼會是幹這種勾當的人呢？這人一定是個品行不好的家奴卻冒充大王！」一邊

叫著，一邊脫下一隻鞋猛擊滕王的頭，把滕王的頭打得血流滿面，又抓破了滕王的臉，樣子十分難看。鄭氏還不能解恨，又張嘴咬其耳朵、鼻子，就在此時，王妃聽到叫聲出來，鄭氏乘機逃脫。

滕王哪會想到鄭氏如此厲害，被她一陣廝打，弄得十分狼狽。在王妃們面前又不便發作，又氣又惱，十多天不出來處理政事。鄭氏回到家裡，把在宮裡發生的事一五一十告訴崔簡，崔簡戰戰兢兢，害怕滕王將自己治罪，但又不敢不去參候滕王。就這樣過了一段提心吊膽的日子。

後來，滕王獲罪，崔簡看準這個時機，前往宮中道歉。滕王十分慚愧，才認識到以前對不起崔簡，對不起其他的官員和他們的妻子。於是下令放出眾官的妻子。

這些被糟蹋過的妻子，出宮後知道了鄭氏拒辱的事，無不欽敬她的勇敢和智慧，而為自己軟弱怕事遭昏王姦污而感到無地自容，當天就有幾人自殺身亡。

　　很多時候，壞人之所以氣焰囂張，不是因為他的力量強大，而是因為我們的忍讓和退縮。如果我們積極利用自己的力量和才智去抗爭，壞人就會收斂許多。

晏子出使楚國公

　　元前五三一年，晏子奉齊王之命出使楚國。驕橫的楚靈王對大臣們說：「晏嬰生得很矮，但在諸侯中的聲譽卻很高。這次來，我要耍笑他一番，來顯顯我們楚國的威風。」接著對大臣們如此這般的計劃起來。

　　幾天後，晏子乘著駟馬大車來到楚國國都郢城東門。只見楚國的官員稀稀疏疏的分立城門兩旁，大門卻緊緊閉著。晏子正覺得奇怪的時候，守城的軍士打開城門旁一道新開的小門，請他從這個洞式的小門裡進去，並說：「這是中國的規矩：大個子從大門裡進出，小個子從小門裡進出。」

　　晏子明白了：楚王想侮辱他。就走到小洞前邊，打量了一番，說：「這是狗洞，不是城門呀！中國也有個規矩，只有出使到狗國的人，才從狗洞裡鑽進鑽出。」

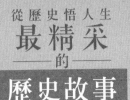

守門人趕快把晏子的話報告楚王。

楚王：「我本想取笑他，反倒被他取笑了。」不得不命令打開大門，請晏子進城。

晏子進宮拜見楚王，楚王突然問：「齊國沒有人了嗎？」

晏子知道楚王是在諷刺他，不動聲色的說：「我們齊國人多得很！每個人呵一口氣，就能變成雲；每個人甩下一滴汗，就像是下一場雨。我們國都的大道上，人擠得肩膀挨著肩膀，腳尖碰著腳跟，怎能說齊國沒有人呢？」

楚王笑道：「既然如此，為什麼派你這麼一個矮小的人來出使呢？」

晏子答道：「我們齊國任命使者有個規矩：訪問上等國，就派上等人去；訪問下等國，就派下等人去。我最沒有出息，就派到這兒來了。」

楚王反被諷刺了一頓，卻還只能賠著笑。

一會兒，武士們拉著一個囚犯從堂下走過。楚王故意問：「那囚犯是哪兒的人，犯了什麼罪？」

武士們說：「是齊國人，犯了盜竊罪。」

楚王對晏子嘲笑道：「齊國人怎麼那樣沒出息，幹這等

事？」

晏子站起身，嚴肅的說：「大王怎麼不知道哇？橘樹生長在淮河以南，就能生長橘子；生長在淮河以北，就成了枳樹。僅僅枝葉相像，而它們的果實滋味卻很不相同。這是因為南北的水土不一樣。齊國人在齊國能好好努力的工作，一到了楚國，就當了盜賊，莫非是楚國的水土，使人民善於偷盜啊？」

楚國的君臣覺得不是晏子的對手，對他反倒尊敬起來了。

在生活中，我們不得不與各種各樣的人打交道。有時我們需要面對居高臨下、仗勢欺人的「強硬派」，在這種境遇下，如果你表現出懦弱和忍讓，對方就得逞了，就會把你置於被動的地位；反之，如果你採取針鋒相對的策略進行反擊，就能夠贏得應有的尊重。

燕王和一個衛國騙子

　　燕王有收藏各種精巧玩物的嗜好。有時他為了追求一件新奇的東西，甚至不惜揮霍重金。「燕王好珍玩」的名聲不脛而走。

　　有一天，一個衛國人到燕都求見燕王。他見到燕王后說：「我聽說君王喜愛珍玩，所以特來為您在棘刺的頂尖上刻獼猴。」

　　燕王一聽非常高興。雖然王宮內有金盤銀盞、牙雕玉器、鑽石珠寶、古玩真跡，可是從來還沒有聽說過棘刺上可以刻獼猴。因此，燕王當即賜給那衛人享用三十萬擔的俸祿。

　　隨後，燕王對那衛人說：「我想馬上看一看你在棘刺上刻的猴。」

　　那衛人說：「棘刺上的獼猴不是一件凡物，有誠心的人才

能看得見。如果君王在半年內不入後宮、不飲酒食肉，並且趕上一個雨過日出的天氣，搶在陰晴轉換的那一瞬間去看刻有獼猴的棘刺，屆時您將如願以償。」

不能馬上看到棘刺上刻的獼猴，燕王只好拿俸祿先養著那個衛人，等待有了機會再說。

鄭國台下地方有個鐵匠聽說了這件事以後，覺得其中有詐，於是去給燕王出了一個主意。

這匠人對燕王說：「在竹、木上雕刻東西，需要有鋒利的刻刀。被雕刻的物體一定要容得下刻刀的鋒刃。我是一個打制刀斧的匠人，據我所知，棘刺的頂尖與一個技藝精湛的匠人專心製作的刻刀鋒刃相比，其銳利程度有過之而無不及。既然棘刺的頂尖連刻刀的鋒刃都容不下，那怎樣進行雕刻呢？如果那衛人真有鬼斧神工，必定有一把絕妙的刻刀。君王用不著等上半年，只要現在看一下他的刻刀，立即就可知道用這把刀能否刻出比針尖還小的獼猴。」

燕王一聽，拍手說道：「這主意甚好！」

燕王把那衛人招來問道：「你在棘刺上刻猴用的是什麼工具？」

　　衛人說：「用的是刻刀。」

　　燕王說：「我一時看不到你刻的小猴，想先看一看你的刻刀。」

　　衛人說：「請君王稍等一下，我到住處取來便是。」

　　燕王和在場的人等了約一個時辰，還不見那衛人回來。燕王派侍者去找。

　　侍者回來後說道：「那人已不知去向了。」

　　世界上有形形色色的騙子，他們打著各種旗號騙人。我們不要被其天花亂墜的吹噓語言所迷惑，要冷靜的進行分析和判斷。只有練就過人的慧眼，靈活思維，善於從多角度考慮問題，才能夠避免上當受騙。

不輕言放棄的玄奘

　　唐僧，法名玄奘，通稱唐三藏，唐僧是他的俗稱。

　　玄奘出生在讀書人家，幼年受父親教導，學習經書，對儒學略知一二。十幾歲便在洛陽淨土寺出家當和尚。後來，為了求師學習佛法，他來到了長安，後經漢川到達成都。學習幾年，不滿足，又出川到荊州，北上相州，至趙州，返回長安。

　　這時唐朝初建，社會還不穩定。玄奘東西南北的奔波，相當辛苦，表現出不畏艱險的精神，是他日後去印度取經磨煉意志的初步嘗試，也可以說打下了良好的基礎。

　　他四處學佛法，卻感到各家對佛教宗旨，或者說得不明不白，或者說法不一。他為了尋根究底，就想到佛教的發源地去拜訪名師，尋求經典，於是決心取道西域去印度求學。

　　貞觀三年，他從長安出發，經過蘭州到達涼州，當時唐朝

國力尚不強大，與西北突厥人正有爭鬥，禁止人民私自出關。涼州都督李大亮聽說玄奘要西行，強令他返回長安。當地慧威法師敬重玄奘宏願，令小徒弟慧琳、道整二人祕密送玄奘前進。他們怕白天被官兵捕捉，便夜晚行路。到達瓜州時，所騎的馬又病死了。這時李大亮捉拿玄奘的公文到達，州吏李昌認為玄奘的宏願是罕見的，不應扣留他，就發了惻隱之心，催促玄奘趕快前行。

玄奘買了一匹老馬，收了一名叫石陀的徒弟，連夜上路出發了。

慧琳、道整兩個人不能忍受長途旅行的勞累和艱辛，很快就回涼州了。但艱難的行進使玄奘進一步下定了西行的決心，他暗暗發誓：不到印度，終不東歸，縱然客死於半道，也決不悔恨。

半夜，他和徒弟偷渡玉門關成功。但是，徒弟石陀寧死也不再願意陪師父行。玄奘只好任他離去，孤身一人前進。

在大沙漠上，看不到行人，黃沙之外，除了人、獸的骨骸便是生靈的行跡。順著走，有時像在前面有大隊人馬在行動，其實這是在孤寂與恐怖的心理狀態下產生的幻覺。玄奘行進到

玉門關外的第一個哨口，等到夜間偷渡，還是被守衛發現，差點被箭射中。校尉王詳同情他，得知他不願東返，就勸他到敦煌修行。玄奘還是表示寧可受刑，也不停留。王詳最後讓他過了哨卡。

玄奘過了哨卡，再前進是八百里莫賀延磧，古代叫做沙河，是所謂「上無飛鳥，下無走獸，復無水草」的地方。玄奘隻身行走，默念《般若心經》，鼓勵自己。

走了一百多里地，迷失了道路，見到水，就牽馬飲水，但一不小心卻把袋子掉到水裡，路上用的東西都全遺失了，又不知道往哪裡走，於是決定往回走。

但走了不多遠，他突然想到，先前自己發過誓，不到印度不回頭，今天是怎麼了，竟然往回走了？又想，寧可朝西走著死了，也不應該回去，想到這裡，便改變方向，繼續西進。

隨後的旅程更是充滿了艱辛。白天黃沙飛揚，如同下雨，晚上看見人獸骨骸發出的磷火，閃閃爍爍，陰森可怕。最嚴重的是走了五個白天，四個夜晚，還沒有見到水，乾渴難以忍受。到了第五個夜間，真的沒有一點力氣了，便躺倒在黃沙上。半夜忽然刮起風來，把他吹醒了。他立即爬起，又上路了。

　　走了兩天，走出了流沙，到達伊吾，隨後到高昌。可以說這是玄奘取經邁出了決定性的一步，經過這番磨練，玄奘西行的意志更加堅定了。

　　高昌王熱情款待了玄奘，崇拜他，希望他留下傳播佛教。玄奘的目的是往印度取經，於是他婉言謝絕。高昌王再三挽留他，玄奘還是不同意留下。

　　高昌王以為用扣留的方式可以使玄奘屈服。玄奘用絕食來回答，三天滴水不沾。國王深為他的精神感動，就放他西行，還給他剃度四個徒弟，三十匹馬，二十五個俠役，並寫了二十四封公文，給玄奘西行將要經過的各個地區的行政首腦，請求關照。

　　高昌王的禮遇，是玄奘以前沒有經過的，此後上路，在物質條件上，比前一段路程好多了。

　　玄奘至屬支國，因大雪封路，停留了兩個月。走到蔥嶺北邊的竣山，終年不化的積雪，使玄奘一行人行走艱難，晚上就臥在水上休息。這樣又經過七天才走下山，同伴死了十多個。

　　到了康國，由於居民不信佛教，要用火焚燒玄奘的兩個徒弟，幸好國王及時制止，玄奘等才平安通過。

到縛喝國，玄奘留住一個多月，學習佛教經書。以後他不顧旅途疲勞，多次在一些地方停頓讀經，並與當地佛學大師辯經。

玄奘有時遇到強盜，衣服財物全被掠奪，同行者悲哀哭泣，他勸慰眾人說，人生最寶貴的是生命，生命保住了，損失的衣物算什麼，鼓勵徒眾，繼續前進。

一次，在恆河，強盜認為玄奘體貌魁偉，適合祭祀突伽天神，便把他綁上祭壇，即將行兇。玄奘毫不畏懼，鎮靜的默念佛經。幸好這時狂風驟起，吹斷樹枝，暴徒以為老天責怪他們作孽，慌忙向玄奘表示歉意，他這才躲過一場災難。

一道道難關過後，玄奘走遍印度各地，搜集和學習了各種佛學經典，終於達到了求學的目的。

意志不堅強的人成不了大事的。天下無難事，只怕有心人。頑強的毅力可以征服世界上的任何一座高峰。一個人有了鍥而不捨、不輕易放棄的精神，就沒有克服不了的困難，實現不了的理想。

羅斯福飲彈後的講演

美國前總統富蘭克林·羅斯福一九一二年參加了總統競選。十月十四日，當他在密爾沃基正準備發表演說時，一個名叫約翰·施蘭克的精神錯亂的人向他開槍射擊，並擊中了他的右胸。

雖然他口袋裡的眼鏡和演講稿使他沒有喪命，但也傷得不輕。當隨行的醫生們堅持要送他去醫院時，羅斯福斬釘截鐵的說：「我要去做演講，而你們要保持鎮靜。」「我做完演說之前，是不會去醫院的。」說完，他又命令轎車向大禮堂駛去。

這時，人們已經知道他被擊中的事情了。羅斯福在「要麼發表演說，要麼就死，非此即彼」的意念支撐下，一步步走向講台。

一位記者這樣描繪了當時的情景：羅斯福「面帶笑容向人

們招手。男男女女從座位上站起來，發出愛戴的驚呼和同情的感歎」。

羅斯福掏出他那帶血的講稿開始了歷時一個半小時的講演：「我這一生中已開始度過一段極其悲壯英勇的時光，現在正在繼續經歷著……」他近乎微弱的聲音在死一般寂靜的大廳裡迴盪。

在關鍵的時刻，羅斯福以他頑強的意志完成了這次飲彈後的講演，征服了千萬支持者的心，在更多選民中樹立了威信。

只有意志堅強的人，才能處變不驚，鎮定自若；只有意志堅強的人，才能在跌倒後再爬起來，迎著暴風雨向著既定的目標前進；只有意志堅強的人，才能把一次次的危機轉化為有利於自我發展的機會。

朝鮮的一位著名作家

　　一八九四年，朝鮮爆發了一場農民戰爭。半個世紀後，朝鮮作家卜泰源決心把這段波瀾壯闊、可歌可泣的歷史再現出來。

　　一旦下定了決心，卜泰源就夜以繼日的忙碌了起來。他的工作節奏是那麼快，而且常常通宵達旦。也許是由於他太過於折磨自己的眼睛了，漸漸的，他的眼睛突然像蒙上了一層什麼，視力急劇下降。醫生告訴他，他患的是雙眼視神經萎縮和色素性視網膜炎，並勸他該停下手中的工作，休息、檢查、治療。

　　專家的勸告，一些好心人的善意關懷，卜泰源都很感激，而且也反反覆覆的想過，但他卻怎麼也放不下手中寫著的書，他覺得自己不能讓工作半途而廢。他決心爭分奪秒的和黑暗來臨之前的時間比賽。

　　卜泰源的視力越降越低，不幸的時刻終於來臨了。

　　一天，他正在灑滿陽光的書房裡專心整理資料時，突然感到眼前一片黑暗。他不可思議的問妻子：「親愛的，怎麼突然天黑了？」妻子沒有回答，她抑制著自己的哭聲，她心裡明白，她親愛的丈夫此刻已完全失明了，她等待著，等待著奇蹟發生：一瞬間丈夫會突然重見光明，她希望眼前的一切都是假象。桌上的鬧鐘在嘀嗒嘀嗒往前趕，什麼奇蹟也沒發生。

　　卜泰源說話了：「親愛的，太陽躲進了我心中，跳進我腦中了，我永遠在光明之中。」

　　妻子完全能夠養活他，單位也同意承擔他將來的全部生活費。但他卜泰源偏要和自己過不去。他還要繼續寫書，他開始了一場與厄運的搏鬥。他請人做了一塊大小和稿紙差不多的硬紙板，在板上刻下橫的豎的空格，裝上能固定稿紙的夾子。卜泰源利用自己「發明」的這個工具，又開始了寫作生活。

　　妻子每天早晨上班之前，給他準備好紙和筆，晚上回來幫他校對，謄清當天的手稿，然後念給他聽。妻子一邊念，一邊按著他的要求進行修改，直到他完全滿意為止。

　　可是，命運再一次跟他過意不去。一九七五年，正當他在艱難中堅持創作的時候，身體的左半邊癱瘓了，不久右半邊也

完全麻木不能轉動了，接著雙手也不聽使喚了，只剩下一張能說話的嘴。他沒有向命運屈服，繼續他的創作。

他靜靜地躺在床上，嘴裡一字一句地念著小說的情節，讓別人記下來。看到他艱難、痛苦的樣子，身邊的人都替他感到難過，他卻安慰他們：「不要難過，疾病給我留下的時間不多了。別人過一秒，對我來說，等於過十年，只要我能爭取這一秒一秒的時間，讓它來幫助完成我的事業，我就很幸福了。」

不知過了多少個日日夜夜，長篇鉅著《甲午農民戰爭》的第一卷終於在一九七七年四月出版了。又經過異常艱苦的三年多時間，小說的第二卷也脫稿出版了。

朝鮮政府為此授予他兩枚國旗一級勳章，並稱譽他為「朝鮮的奧斯特洛夫斯基」。對他的奮鬥精神，以及在朝鮮文學事業上做出的突出貢獻，給予了充分的肯定。

貝多芬說：「一個人的個性應該像岩石一樣堅固，因為所有的東西都建築在它上面。」在生活中，每個人都難免會遇到困難，只要有毅力肯繼續努力艱苦工作，就能做出傑出的成績。

古羅馬的一位年輕猶太人

　　在兩千年前的古羅馬城市安泰歐，當時的耶路撒冷和所有的朱地亞土地都在羅馬的高壓統治下。

　　有一位年輕的猶太人，名叫賓漢。他遭人陷害，被判處勞役，到船上划槳。賓漢被用鐵鏈鎖在船上划槳的座位上，每天被迫拚命划槳，不知不覺使他的身體變得十分強壯。

　　他的監視者並不知他已從苦役中培養出壯碩的體力，終有一天，他可以憑著這股力量獲得自由。也許，連賓漢本人也未抱著這種希望。

　　接著，到了戰車大競賽的日子。在這一天裡，命運之神注定要解開把賓漢鎖在奴隸船上的鐵鏈，使他重新獲得自由。有一輛馬車沒有人駕駛，馬車的主人在絕望中只好請求這位年輕

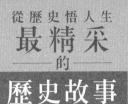

的奴隸幫忙，因為他的臂膀十分強壯有力，這位主人請求他代替駕駛馬車。

當賓漢拉起韁繩時，觀眾們發出了吼聲。

「看，看，那雙手臂，你是從哪兒鍛鍊出這雙手臂的？」他們大叫。

「奴隸船上。」賓漢回答說。

比賽開始了。賓漢以他那雙強壯有力的手臂鎮靜的駕著馬車，火速向前奔馳，終於獲得了勝利，也因使使他獲得自由。

一位法國作家說：「天才就是毅力。」

生活本身就是一場力量和意志的角逐。只有那些已經發展出個性力量、決心和懷有必勝信念的人，才能獲勝。

耐心過人的日本礦山大王

　　日本礦山大王古河市兵衛，小時候做豆腐店工人，後來受雇於高利貸業者，當收款員。因工作表現優異，幾年後就被提升為經理。

　　明治初期，經濟形勢轉變，物價暴跌，商品滯銷，古河的僱主豪商小野祖也沒有辦法避免倒閉的厄運。

　　這時古河就毫不吝嗇的把自己的私產，全部拿出來替主人還債。為此轟動天下，被人稱為「奇人」。

　　兩年後，當古河買下廢銅礦 —— 足尾礦時，第一銀行董事長澀榮自動不要擔保借給他一萬兩金子，作為經營銅礦的資金。這是因為古河替主人還債的義舉，換來了澀榮的信任。

　　這個銅礦是早已被人遺棄的廢礦。因此，他一進行開掘，世人就開始嘲笑，視他為瘋子。

　　然而他有的是耐心和不怕打擊的倔強意志，世人的嘲笑是不足以打擊他的。可是，一年過去了，二年過去了，卻不見銅的影子，資金一天天在消耗。

　　他一點兒都不氣餒，面對困難，咬緊牙關，抱定死在礦山的決心，跟礦工們同甘共苦，慘淡經營，四年如一日。一萬兩金子幾乎要化為烏有時，苦盡甘來，銅，終於挖出來了，他終於完成了別人認為不可能成功的事。

　　古河成功的祕訣是忍耐。古希臘著名學者柏拉圖說：「耐心是一切聰明才智的基礎。」具有耐心的人才能戰勝逆境，獲得財富，贏得最後的成功。

永續圖書
線上購物網

www.foreverbooks.com.tw

- ◆ 加入會員即享活動及會員折扣。
- ◆ 每月均有優惠活動，期期不同。
- ◆ 新加入會員三天內訂購書籍不限本數金額，
  即贈送精選書籍一本。（依網站標示為主）

專業圖書發行、書局經銷、圖書出版

永續圖書總代理：
五觀藝術出版社、培育文化、棋茵出版社、達觀出版社、
可道書坊、白橡文化、大拓文化、讀品文化、雅典文化、
知音人文化、手藝家出版社、璞珅文化、智學堂文化、語
言鳥文化

活動期內，永續圖書將保留變更或終止該活動之權利及最終決定權。

培育
文化

益智館　32

從歷史悟人生：最精采的歷史故事

編著　　　李銘峰
責任編輯　賴美君
美術編輯　林鈺恆
內文排版　姚恩涵

出版者　培育文化事業有限公司
信箱　yungjiuh@ms45.hinet.net
地址　新北市汐止區大同路3段194號9樓之1
電話　（02）8647-3663
傳真　（02）8674-3660
劃撥帳號　18669219
CVS代理　美璟文化有限公司
TEL／(02)27239968
FAX／(02)27239668

總經銷：永續圖書有限公司

永續圖書線上購物網
www.foreverbooks.com.tw

法律顧問　方圓法律事務所　涂成樞律師
出版日期　2019年7月

國家圖書館出版品預行編目資料

從歷史悟人生：最精采的歷史故事 / 李銘峰
編著. -- 初版. -- 新北市：培育文化，
民108.07　面；　公分. --（益智館；32）
ISBN 978-986-97393-5-1(平裝)

1.歷史故事

610.9　　　　　　　　　　108007440

謝謝您購買　**從歷史悟人生：最精采的歷史故事**　與我們一起分享讀完本書後的心得。

務必留下您的基本資料及電子信箱，使用我們準備的免郵回函寄回，我們每月將抽出一百名回函讀者，寄出精美禮物以及享有生日當月購書優惠！想知道更多更即時的消息，歡迎加入"永續圖書粉絲團"

您也可以使用以下傳真電話或是掃描圖檔寄回本公司電子信箱，謝謝！

傳真電話：（02）8647-3660　電子信箱： yungjiuh@ms45.hinet.net

●請針對下列各項目為本書打分數，由高至低5～1分。

　　　　　5 4 3 2 1　　　　　　　　　5 4 3 2 1
1.內容題材　□□□□□　　2.編排設計　□□□□□
3.封面設計　□□□□□　　4.文字品質　□□□□□
5.圖片品質　□□□□□　　6.裝訂印刷　□□□□□

●您購買此書的地點及店名_____

●您為何會購買本書？

□被文案吸引　　□喜歡封面設計　　□親友推薦　　□喜歡作者
□網站介紹　　□其他_____

●您認為什麼因素會影響您購買書籍的慾望？

□價格，並且合理定價是_____　　□內容文字有足夠吸引力
□作者的知名度　　□是否為暢銷書籍　　□封面設計、插、漫畫

●請寫下您對編輯部的期望及建議：

221-03
新北市汐止區大同路三段194號9樓之1

傳真電話：（02）8647-3660
E-mail：yungjiuh@ms45.hinet.net

培育

文化事業有限公司

讀者專用回函

從歷史悟人生：
最精采的歷史故事

培養文化育智心靈的好選擇